Markus Götz

Gleis 2 an einem Tag – Berlin

Roman

Liebe Julia! die höchste Form des Glückes ist ein Leben mit einem gewissen Grad an VERRÜCKTHEIT :) Götz

D1676749

Markus Götz – Selbstverlag, Köln

1. Auflage Oktober 2014

Impressum

Copyright: © 2014 Markus Götz

Verlag: Markus Götz – Selbstverlag, Köln

Druck: www.druckterminal.de
KDD Kompetenzzentrum Digital-Druck GmbH
Leopoldstr. 68 * 90439 Nürnberg

Umschlaggestaltung unter Verwendung von zwei Fotos
(Lizenziert © lavitreiu/ lemmin – Fotolia.com)

www.gleis2aneinemtag.de

ISBN 978-3-00-046766-0

KAPITEL EINS

Hallo! Mein Name ist Tom. Ich arbeite als Mediendesigner für eine große Marketingagentur und bin 34 Jahre alt – oder jung. Nennt es, wie ihr wollt, es ändert nichts. :-)

Ich habe noch nie ein Buch geschrieben, und jetzt sitze ich hier an meinem Schreibtisch am Fenster und kann es kaum erwarten, euch von dieser Geschichte zu erzählen. Zunächst einmal: Ihr müsst das nicht tun. Aber wenn ihr euch dazu entschließt, die VERRÜCKTE Geschichte von Tom und Marie mit mir zu erleben, dann seid euch bewusst, wir werden zusammen schmunzeln, schweigen, vielleicht an ein paar Stellen rot im Gesicht werden, und manche werden dabei sogar ein paar Tränen verlieren.

Warum schreibe ich nun ein Buch? Wenn man jemanden vermisst, dann schließt man die Augen, und auf einmal ist dieser Mensch wieder da. Und dann möchte man sie nie wieder öffnen. Deshalb schreibe ich. Ich schreibe mich zu ihr und zu den Momenten, die mich so glücklich gemacht haben. Es waren die schönsten meines Lebens. Dann ist sie wieder da. Dazu muss ich kein Schriftsteller sein. Mein Herz findet die Worte von ganz alleine. Ich kann gar nicht so schnell tippen, wie es danach verlangt, die Erinnerungen zu Papier zu bringen. Wahrscheinlich hat es Angst, es könnte sie vergessen. Aber das könnte es doch niemals.

Es ist vielleicht das Ehrlichste, was ihr je gelesen haben werdet. Kein Verlag und kein Lektor werden auch nur eine Zeile ändern. Ich schreibe nicht, um Geld damit zu verdienen. Ich schreibe, weil mein Herz die Augen schließen möchte. Es tut weh, aber ist so befreiend zugleich. Ich komme nicht dagegen an.

Begleitet ihr mich ein Stück meines Weges? Ich erzähle euch von Marie, der Liebe meines Lebens; davon, wonach man sich entweder ein Leben lang sehnt, wenn man sie noch nicht gefunden hat, oder festhalten und nie wieder loslassen möchte, wenn sie neben einem einschläft, oder eben ein Leben lang vermisst, wenn man sie verloren hat. Tut mir einen Gefallen, ja? Wenn ihr sie gefunden habt, dann passt gut auf sie auf; und das Wichtigste: Wohin ihr auch geht, geht immer mit eurem ganzen Herzen.

Also los. Ich möchte endlich die Augen schließen.

Es war der 6. Oktober. Mittagspause. Ein Tag wie jeder andere. Ein Blick auf die Speisekarte der Kantine ließ nicht gerade vermuten, dass sich das heute noch ändern würde (ihr müsst wissen, das Essen dort ist gewöhnungsbedürftig). Und auf einmal war es da – auf der gegenüberliegenden Seite des Tresens, wo sich all die ganzen Leute in die Schlange reihten, als handele es sich um ein Drei-Sterne-Menü. Vermutlich waren es nur zwei oder maximal drei Sekunden. Ihr hättet es sehen müssen. Ich kann die Besonderheit dieses Moments einfach nicht ausreichend beschreiben. Ich hätte nicht gedacht, dass ich diese Worte einmal benutzen würde, aber es gibt diesen Moment wirklich, in dem man meint, dass die Welt gerade für einen kurzen AugenBLICK stehen bleibt. Was war das? Das Mädchen von gegenüber hat mich kurz angeschaut und angelacht. Nein, das war kein Lachen. Sie hat geschmunzelt! Sie muss das anscheinend öfter tun. Sie hat richtig kleine Schmunzelfältchen. Unglaublich. Kopfschüttel. Ich spüre sofort, dass es aus meinem Tag etwas Besonderes gemacht hat. Es war so anders. Etwas, was bleibt, auch wenn es aus den Augen ist, obwohl die Welt wieder beginnt, sich um alles, außer einem selbst, zu drehen.

Wer war das? Diese Frage lässt mich nicht mehr los, während ich das Essen zu mir nehme. Irgendwann ertappe ich mich dabei, dass ich über dieser Frage nicht wirklich etwas von dem bunten Treiben in der Kantine und an meinem Mittagstisch mitbekommen habe. Mittlerweile ist es still geworden. Zurück im Büro öffne ich das Adressverzeichnis an meinem Computer. Dort sind alle Kollegen und Kolleginnen, sowie die Mitarbeiter unserer Lieferanten und Dienstleister, mit Unternehmen, Namen, Abteilung, Rufnummer und Bild hinterlegt. Oh je, da ist es wieder, das Schmunzeln! Marie. Marie? Marie! Sie ist Projektmanagerin in der PR-Agentur, mit der wir uns das Gebäude teilen und so ... unglaublich hübsch! Ich verweile vor dem Bild, und dann ist es auch schon passiert. Mein E-Mail-Programm ist geöffnet, ihr Name in die Adresszeile eingegeben und ein kleiner Zweizeiler verfasst, in dem ich mich kurz aber höflich nach dem Essen und dem Wohlbefinden danach erkundige, ob sie es überlebt hat. Habe ich das wirklich gerade abgeschickt? Einfach so? Was hab ich denn da bloß gemacht? Ein Zweizeiler? Sie wird mich für oberflächlich halten. Oder für aufdringlich? Sch****!

6 Minuten später und PLING!

>>*Di 06.10. 13:28 Uhr*
AW:

Oohh, ich habe aufgegessen. Der Hunger hat es reingetrieben und der Quark die schwarzen Stellen überdeckt. ;-)

Noch habe ich aber keine Beschwerden??<<

Ja, zwei Fragezeichen in einem Ausrufesatz. Grammatisch ein Desaster. Und hättet ihr das nicht auch als Aufforderung zu einer erneuten Antwort aufgefasst?

Jetzt, wo ich hier sitze, das Buch schreibe und ihre erste Nachricht noch einmal lese, wird mir bewusst, wie groß die Anziehungskraft schon damals war und wie wenig wir seit dem ersten AugenBLICK gegen die Versuchung ausrichten konnten. Schon dort haben wir von ihm gekostet, dem Apfel als verbotener Paradiesfrucht. Und nein, das war nicht ich, nicht sie, auch nicht die Schlange. Das waren wir beide: Tom und Marie.

Auf jeden Fall haben diese beiden Satzzeichen dazu beigetragen, dass von nun an diese Geschichte entstand.

Es folgten Wochen des unverbindlichen Kennenlernens. Die Nachrichten waren kurz, völlig sporadisch und oft noch ohne Zusammenhang. Manchmal tagelang auch gar keine. Aber irgendwie wuchs das Interesse am jeweils anderen. Es war schön, dass sich jemand gefragt hat: „Wo bist du denn? Wie geht´s dir?" und Sätze zu lesen wie „Schön, dass du wieder da bist!" Auch die ersten Gemeinsamkeiten waren schnell gefunden, zum Beispiel die Liebe zur Sonne. Dann waren da die vielen kleinen AugenBLICKE und das Kopfschütteln und Schmunzeln darüber, wenn sie mal wieder ihr Essen mit Maggi (aus einer riesen Kantinenflasche!!!), in einer bis dahin nicht für möglich gehaltenen Menge, „verfeinert" hatte. Der Gedanke daran lässt mich auch jetzt gerade schmunzeln. Damals wie heute: danke dafür!

Es muss so Anfang November gewesen sein, als ich für ein paar Tage unterwegs auf Fortbildung war und nach meiner Rückkehr in die Firma angekündigt hatte, ihr etwas mitgebracht zu haben. Es gab nur einen Hinweis: >>*Es ist klein.*<< Am nächsten Morgen bin ich extra früher zur Arbeit gegangen, damit noch niemand in ihrem Büro ist, wenn ich es ihr neben den Bildschirm stelle.

Etwas später kam dann das Dankeschön per E-Mail. Sie hatte sich sehr gefreut und mir von ihrem Kinderkaufladen erzählt. Von dort kannte sie die kleinen Maggiflaschen, und sie sei schon damals ihr bester Kunde gewesen. Das konnte ich mir in der Tat sehr gut vorstellen.

Zwei Wochen später fragte sie mich, ob ich am Abend zuvor eigentlich Schluckauf gehabt hätte. Sie musste an mich denken, als ihr Zuhause die Maggiflasche heruntergefallen war. Da habe ich mich daran erinnert, dass ich an dem Abend tatsächlich einmal „hicksen" musste, weil ich mich beim Wasser trinken verschluckt hatte. Es war einer dieser Zufälle, die wohl in solchen Momenten jeder schon einmal erlebt hat. Verrückt war es trotzdem. Mich hatte an ihrer Frage noch etwas ganz anderes beschäftigt: Sie hatte an mich gedacht. Mir war es ebenso schon ein paar Mal außerhalb der Arbeitszeit gegangen, aber ich hätte es nie erwähnt. Es hat sich gut angefühlt, als sie das schrieb.

Für sie fühlte es sich gut an, dass ich ihr Komplimente gemacht und sie bewusst wahrgenommen habe. Jeder Mensch sehnt sich nach Aufmerksamkeit. Ich liebe ihren Style und ihre Outfits, ihre Kleider, die „interessanten Hosen", die Accessoires, ihre Schuhe und einfach alles! Ich weiß noch, dass sie oft überrascht war, wenn ich ihr freitags schrieb, welches mein Lieblingsoutfit der Woche gewesen war und ich alle Tage miteinander vergleichen konnte. Ich musste gar nichts dafür tun. Bei ihr ging und geht das einfach so. Es waren nur wenige AugenBLICKE aus der Ferne und dennoch blieb die Welt um uns herum immer kurz stehen. Dieser Moment reichte aus, um so viele Dinge zu sehen und mir zu merken. Sie hat einen Teil meiner Sinne geweckt, die ich vorher nicht gekannt habe und noch nie benutzt hatte. Es sind diese Sinne, die jetzt so nutzlos erscheinen. Ich habe Angst, dass sie verkümmern und sterben. Sie rufen nach ihr, und es hört einfach nicht auf. Kleine Träne ... will zu ihr.

Der Winter brach ein, und es wurde kalt draußen. Irgendwie begegneten wir uns immer öfter – beim Essen und auf dem Flur. Manchmal aus Zufall und ja – irgendwann – nennen wir es – unbewusster Absicht. Aber nie ein gesprochenes Wort.

Eine Woche vor Weihnachten fiel meine Zugverbindung aus, und ich hatte auf dem Weg nach Hause etwas ungeplanten Aufenthalt. Ich landete in einem Kaufhaus. Als ich an den Regalen vorbeischlenderte, sprang mir etwas ins Auge, bei dem ich sofort an sie denken musste. Ich kaufte es, ohne mir großartig Gedanken zu machen. Als ich bezahlt hatte und auf die Bahn wartete, war es wie bei der ersten E-Mail. Was habe ich denn da bloß gemacht? Wir kennen uns doch kaum, und dieses Geschenk ist sehr persönlich. Sie wird mich für aufdringlich halten!? Auf der anderen Seite, dieses unglaublich gute Gefühl, etwas für sie auszusuchen, zu kaufen und ihr vielleicht eine Freude damit zu bereiten. Ich beschloss nicht weiter darüber nachzudenken, denn jetzt war es ohnehin schon passiert.

Einige Tage später traf ich wieder recht früh auf der Arbeit ein und sah, dass ihr Büro noch leer war. Ich legte das Geschenk, verpackt in einem kleinen neutralen Karton, einfach auf ihren Schreibtisch. Oh je! Ich war mir wirklich unsicher, ob sie das auch richtig verstehen und nicht vielleicht sogar böse werden würde, weil ich eventuell eine Grenze überschritten hatte. Nervosität setzte ein. Ich beschloss, ihr zur Sicherheit eine erklärende E-Mail zu schreiben:

Guten Morgen,

okay. Ich habe überlegt und versucht, die vielen Anforderungen bestmöglich zu berücksichtigen: Ein Lächeln soll es ab und zu schenken, dich dazu bringen, auch ohne Maggibedarf an „jemanden" zu denken, und es darf weder teuer sein noch wie eine große Sache wirken.

Schwierige Kombination. Aber vielleicht ist es mir ja sogar teilweise gelungen. Ich hoffe, ich habe dich im Büro damit nicht in Verlegenheit gebracht! Hoffentlich hat die Tarnung geholfen.

Für die vielen anstehenden Tage ohne Lächeln auf dem Flur, über Weihnachten, den Jahreswechsel und den Urlaub danach. Etwas, was bleibt, auch wenn sich Blicke und E-Mails nicht mehr treffen.

Danke für Deine Zeit und Aufmerksamkeit in den letzten Wochen und den Spaß, den ich beim Geschenkekaufen haben durfte!

Ich wünsche Dir ein frohes Weihnachtsfest und ein tolles kommendes Jahr, in dem du dir dein Lächeln behältst.

Lieben Gruß, Tom<<

Zwei Stunden später die Erlösung per E-Mail. Die Überraschung sei mir gelungen, ich hätte es geschafft, sie ganz verlegen zu machen und ihr ein ziemlich großes Grinsen aufs Gesicht zu zaubern. Das könne das ich jetzt zwar leider nicht sehen, mir aber mit Sicherheit vorstellen. Ja, das konnte ich. Neben einem großen Dankeschön und den obligatorischen Worten für die anstehenden Feiertage wünschte sie mir einen guten Rutsch ins neue Jahr – mit Flurbegegnungen, Maggi, E-Mails und ganz viel Lächeln.

Ich antwortete:

>>Mi 23.12. 14:19 Uhr
AW:::

Hört sich gut an … Hoffe, 38 passt. Nächste Größe war schon 39–43 und ich wollte mir einfach nicht bildlich vorstellen, dass eine so kleine Person so große Füße hat.<<

40 Minuten später dann wieder die Antwort.

>>Mi 23.12. 14:59 Uhr
AW::::

Schuhgröße 37/38 hast du gut ausgesucht. Sie werden bestimmt perfekt passen, und dann hat die kleine (so klein bin ich gar nicht) Person endlich kleine warme Füße.

Falls ich dich gleich beim Rausgehen nicht mehr sehe … CU next year und wenn du mal Schluckauf hast, bin ich vielleicht schuld.<<

Es waren Kuschelsocken. Leider weiß ich bis heute nicht, welcher Fuß 37 und welcher 38 hat.

Die Geschichte erscheint euch mit Sicherheit sehr schnell, aber das war sie auch, und sie wird es bis zur letzten Zeile bleiben. Es waren diese unglaubliche Vertrautheit und die Anziehungskraft, die seit dem ersten AugenBLICK einfach da waren. Eine Stunde, ein Tag, eine Woche, ein Monat und selbst ein Jahr: Die Zeit verging immer viel zu schnell. Aber das ist ja der Vorteil an einem Buch. Lest einfach ganz langsam, ja?

Weihnachten und die Tage zwischen den Jahren vergingen, ohne dass wir etwas voneinander gelesen hatten, und zum Jahresanfang war Marie direkt im Urlaub. Ich musste oft an sie denken, und irgendwann schrieb ich ihr per E-Mail, dass mir ihr Lächeln fehle. Nach ihrer Rückkehr am Wochenende erhielt ich dann ein Lebenszeichen – endlich, weil ich am darauffolgenden Tag selber in den „Skiurlaub" aufbrach. Ja, ja, Skiurlaub in Anführungszeichen, weil ich noch ein lausiger Skifahrer war und immer noch bin.

Dann war auch mein Urlaub vorbei. Es waren insgesamt drei Wochen, in denen wir uns nicht mehr gesehen hatten. In meinem Postfach war eine kleine Nachricht: Marie fand die Woche ohne mich langweilig, und sie hatte an mich gedacht. Es ist so schön, wenn jemand an einen denkt!

Eines solltet ihr schon jetzt über Tom und Marie wissen: Wenn man zu wenig Schlaf bekommen hat, dann holt man ihn nach. Wenn man Durst hat, dann trinkt man. Wenn man Hunger hat, dann isst man. Und wenn Tom und Marie sich drei Wochen nicht gesehen haben, dann helfen sie dem Schicksal auf die Sprünge. Die AugenBLICKE wurden länger und nicht immer nur dem Zufall überlassen. Der Klassiker musste her: die erste Verabredung! Ja, die Kleine wollte tatsächlich ein Date mit mir, ihr wisst schon! Und ich habe Ja gesagt. Wir haben das direkt für den nächsten Tag ausgemacht – für 15:27 Uhr. Um 15:28 Uhr war es schon vorbei, und wir sind wieder getrennte Wege gegangen. War nix? Ich schmunzel gerade, weil ich natürlich etwas weiß, was ihr noch nicht wisst: Es war ein Flurdate. Sie hat dort „zufällig" telefoniert und ich "musste" auf dem Weg in einen benachbarten Gebäudekomplex an ihr vorbei. Und wisst ihr, was? Wir haben uns erkannt, und das sogar ohne eine Rose als Erkennungszeichen. Und ich würde sie immer wieder erkennen, weil sie einfach einmalig ist. Mein Herz schlug schneller, je näher ich ihr, dem Moment, dem AugenBLICK und ihrem Schmunzeln kam. Ich könnte heute noch jede Einzelheit ihres (Schneehasen-)Outfits an diesem Tag beschreiben. Später habe ich ihr geschrieben, dass ich nervös gewesen sei wie bei einem richtigen Date und, dass mir ihr Outfit so gut gefallen habe. Was liest sich schöner als eine Antwort, die sagt, dass sie sich extra für mich schick gemacht habe? Strumpfhose passend zum Pulli und direkt die Aussicht auf mehr. Beim nächsten Mal sollte ich doch bitte eine Zeitung unter dem Arm als Erkennungszeichen mitbringen. Nicht mal eine Minute und dennoch das Besondere an diesem Tag.

Ich habe ja eben schon erwähnt, dass alles so schnell ging. Das wurde uns an diesem Tag auch bewusst und hat uns wohl beide gleichzeitig beschäftigt. Wir fragten uns: „Wer ist das mit dem ich mich zu einem ‚Date' verabrede? Was wissen wir eigentlich voneinander?" So kam es, dass wir uns an diesem Abend jeweils eine Zusammenfassung haben zukommen lassen: über das, was wir jeweils vom anderen wussten; eine Art Steckbrief. Das war sehr lustig. Sie kann so toll schreiben, auch wenn sie das nicht gerne hört. Und ich liebe ihren Humor.

Es kam dabei heraus, dass wir nicht wirklich viel voneinander wussten; nicht mehr als von jemandem, mit dem man flüchtig bekannt ist. Man weiß, wo er wohnt, wo er im Urlaub war und was er z. B. für Sport treibt. Wir haben uns daraufhin abwechselnd ein paar recht unverbindliche Fragen über

Ausbildung, Beruf usw. gestellt. Aber ganz ehrlich? Das war alles nicht wichtig. In der wenigen Zeit, die wir hatten, waren es andere Dinge, die uns einfach mehr gegeben haben. Wir haben uns so gerne über AugenBLICKE, Outfits und komische Zufälle ausgetauscht. Zum Beispiel spiele ich Tennis, und als sie beim Zumba-Training war, wurde gerade im TV des Studios ein Tennisspiel übertragen. Vor dem nächsten Training schrieb sie, dass sie mal an mich denken würde, wenn wieder Tennis laufe. Zu später Stunde vor dem Einschlafen kam dann noch eine E-Mail-Nachricht: >>*Es lief Tennis. Gute Nacht.*<< Oder an einem Wochenende erhielt ich eine ebenso schlichte Nachricht: >>*Ich habe gerade warme Füße. Gute Nacht.*<< Damit wollte sie mir sagen, dass sie die Kuschelsocken trägt, die ich ihr einen Tag vor Weihnachten geschenkt hatte. Wen interessierte denn da noch, ob jemand Tiere mag oder wann es endlich wieder wärmer wird.

Die paar AugenBLICKE am Tag, hier und da ein geschriebenes Wort inmitten der Hektik des Alltags, genügten uns nicht mehr. Wir brauchten noch mehr. Das haben wir damals so nicht bezeichnet und schon gar nicht ausgesprochen, weil es unbewusst passierte. Immer öfter schrieben wir E-Mails am Abend, und dann war es so weit ... kein Flurdate. Ein Gedankendate. Das ist ein Date, bei dem man sich zu einer bestimmten Uhrzeit (und manchmal zu einem bestimmten Anlass) verabredet, um bewusst für eine Zeit aneinander zu denken. Ich glaube, um dabei etwas zu spüren, muss man schon sehr verbunden sein. Das, was im späteren Verlauf der Geschichte noch so sehr an Bedeutung gewinnen wird, begann so unspektakulär mit einer einfachen Verabredung, dass wir gemeinsam um 21:00 Uhr für einen Moment innehalten und einfach wissen, dass der andere gerade an einen denkt. Bereits, als wir das ausgemacht hatten, war mir klar, dass es nicht nur so dahergesagt war. An dem Abend haben wir uns bewusst vorher schon die Auszeit vom Alltag und unserer Umwelt verschafft, um dann zu dieser Uhrzeit auch wirklich die Ruhe dafür zu haben, wenigstens kurz alleine zu sein. Als es dann so weit war, habe ich sie gespürt. Sie war wirklich da.

Jetzt hatten wir nicht mehr nur zufällig an einander gedacht, weil jemand eine Maggiflasche hat fallen lassen, dabei Schluckauf bekam und „hicksen" musste, jetzt konnten wir das bewusst tun. Der HICKS war erfunden. Er sollte fortan unser ständiger, aber nicht stiller Begleiter werden und immer dann zum Einsatz kommen, wenn man dem anderen sagen wollte: „Hey, ich denk an dich." (= HICKS)!

Das waren sie, die ersten vier gemeinsamen Monate von Tom und Marie. Spürt ihr, wie nah die beiden sich sind? Wie sehr sie diese Nähe des anderen suchen und brauchen und wie sie sich immer wieder neue Dinge einfallen lassen, um sich diese Nähe zu holen? Wie vertraut sich die beiden sind, ohne auch nur ein einziges Wort miteinander gesprochen zu haben?

Bleibt ihr noch etwas bei mir? Das war erst der Anfang, und wir haben gerade Toms und Maries Werkzeuge kennengelernt, die sie vom Schicksal geschenkt bekommen haben. Sie können ohne Worte über Blicke kommunizieren, sind sich so vertraut und in der Lage, sich gegenseitig zu spüren, egal, wo sie gerade sind. Sie werden all diese Eigenschaften noch sehr oft brauchen.

KAPITEL ZWEI

Wie geht es weiter, wenn solche Bedürfnisse zwischen zwei Menschen entstehen? Ein richtiges Treffen?

In der Tat habe ich während dieser Zeit angefangen, darüber nachzudenken, wie das wäre und was es bedeuten würde. Diese Fragestellung, wie schnell die Realität diese Illusion zunichtemachen kann, wurde in vielen anderen Büchern bereits abgehandelt. Aber es stand unausgesprochen zwischen uns. Ich wollte erst einmal, dass alles so blieb wie es war, weil es wunderbar war. Ich überlegte und habe eine Tom-und-Marie-Lösung gefunden. Zwei Tage zuvor waren zwei Eintrittskarten für ein sehr großes und jährlich stattfindendes Tennisturnier in meinem Briefkasten eingetroffen.

Als ich die Karten in der Hand hielt und darüber nachdachte, wen ich mitnehmen könnte und wollte, gab es nur eine Person. Ich schaute auf das Datum der Veranstaltung und es lag drei Monate in der Zukunft. Haben wir dann überhaupt noch Kontakt und uns bis dahin schon einmal richtig unterhalten? Und wenn ja, mag sie mich überhaupt genug, um dort mit mir hinzugehen? Das sind Fragen, die wohl ganz normal sind und einen überlegen und zögern lassen. Hallo? Schmunzel. Ihr solltet euch abgewöhnen so viel nachzudenken! ;-) Am nächsten Morgen lag eine der beiden Eintrittskarten ganz früh unter der Computertastatur auf ihrem Schreibtisch. Sie war wie immer sehr überrascht, aber sie hat mir sofort das Gefühl vermittelt, es verstanden zu haben: „Ich würde dich gerne sehen und mit dir sprechen, aber ich genieße, wie es gerade ist, und deshalb lass uns noch ein bisschen Zeit!" Sie hat es ebenso wenig gesagt wie ich, und dennoch waren wir uns fast wortlos einig – nur mit einer Eintrittskarte und einem Datum, das dieses bisschen Zeit als maximal spätesten Zeitpunkt definierte.

Ein paar Tage später schaute ich in mein Postfach, und Marie schrieb mir, dass es eine Situation auf der Arbeit gegeben habe, die sie traurig gemacht habe. Und dass sie jetzt in die Kantine gehe, um eine Fanta zu trinken. Ob ich nicht Lust hätte mitzukommen. Mist! Mist. Mist. Mist! Das war schon einige Stunden her, weil ich in Terminen festgesteckt hatte. Marie hat mich gebraucht und ich war nicht da. Besorgt fragte ich nach, ob alles okay sei und ob sie noch Redebedarf habe. Ich sei nun wieder da. Sie hat nur geantwortet, dass es schon wieder besser sei.

Aber auch am kommenden Tag und Abend war sie nicht wirklich gut drauf. Um das zu erkennen, bedurfte es keiner besonderen Fähigkeiten. Es war ein einsamer und verlassener HICKS, den sie mir per Nachricht zu meinem Training auf das Tennis-Spielfeld schickte. Ich hatte leider nicht viele Möglichkeiten sie abzulenken oder einfach für sie da zu sein. Aber es gab da ja noch unser Gedankendate. Ich schrieb ihr, dass ich am nächsten Tag, einem Sonntag, abends gegen 21:00 Uhr auf Ibiza sei und einen Strandspaziergang am Meer in der Abendsonne unternehmen würde. Wenn sie Lust habe, dann solle sie doch einfach dazukommen und wir gehen ein Stück gemeinsam. Einige Minuten vor der Verabredung wieder ein PLING und ganz unerwartet war dort in der Anlage der Nachricht ein Foto von ihr: am Strand. Und ein Hinweis, dass wir barfuß gehen. Ich habe das Bild angeschaut ... und bin losgegangen. Es war der Beginn eines Traumes bzw. eines sehr großen Wunsches: einmal wirklich zusammen das Meer zu sehen und diesen Strandspaziergang machen zu können, unsere Fußspuren im Sand zu sehen.

Obwohl, wäre Marie meinen Worten am nächsten Tag gefolgt, dann wären das Buch und diese Geschichte hier und an dieser Stelle beendet. Ja, zum ersten Mal habe ich ernsthaft über uns nachgedacht. Es war einfach nicht schön zu sehen und sich einzugestehen, dass es diese Grenze gab, nicht wirklich für sie da sein zu können. Neben der Tatsache, dass sie sehr traurig wirkte, war sie auch noch krank und lag mit Fieber im Bett. Da kam ich mir so klein vor und fragte mich, wohin es führt. Ich überlegte, dass ich in solchen Momenten doch eigentlich nichts bin, was ihr helfen kann. Mehr als ein paar Blicke und Zeilen hatte ich ja selbst nach Monaten nicht zu bieten, und das teilte ich ihr auch sehr deutlich mit – in einer Abschiedsmail. Ich bedankte mich für die schöne Zeit, ihr Lächeln und riet ihr dazu, sich wieder den realen Dingen zu widmen. Ich schrieb, dass ich es verstehen könnte. Ich würde sie eigentlich auch nur ablenken und Zeit kosten, die ihr im richtigen Leben fehle.

Könnt ihr euch vorstellen, warum ich das getan habe?

Ich habe gemerkt, dass sie mir wichtig wurde und ich ihr natürlich auch. Da bekam ich Bedenken, dass ich „es", was auch immer „es" war, nicht mehr kontrollieren könne.

Sie hat es nicht verstanden, war verwundert, durcheinander und traurig. Warum ich ihr erst so schöne Komplimente mache, die ihr so sehr schmeicheln und guttun, die Geschenke und all die Dinge, mit denen ich sie je nach Bedarf zum Lächeln, Grinsen und Schmunzeln gebracht habe. Sie sei gerade dabei gewesen, sich langsam zu öffnen und sich mir anzuvertrauen und dann – zack! – kommt so eine komische Abschiedsmail. Sie hat mir anschließend ziemlich den Kopf gewaschen und mir eindeutig zu verstehen gegeben, dass sie sich über jede Zeile freut und sich nicht abgewöhnen möchte, an mich zu denken. Ich habe sie nochmals vor den Folgen gewarnt, wenn man weiter Kontakt hat, aber sie hat es einfach überhört.

Na dann. Ich war froh über ihre Antwort und hatte insgeheim gehofft, dass sie es nicht akzeptiert. Sie hat genau die richtigen Worte gefunden, um mich daran festhalten zu lassen.

Während dieses Abschiedsmail-Dialogs hat sich etwas ergeben. Sie zitierte in einer Nachricht einen Satz aus einem Buch, den ich erkannte. Er stammte aus dem E-Mail-Roman „Gut gegen Nordwind" von Daniel Glattauer. Wir hatten ihn beide gelesen und fingen an, über das Buch zu philosophieren. Dabei stellten wir fest, dass wir jeweils auch den Nachfolgeband „Alle sieben Wellen" vor Kurzem erworben, aber noch nicht gelesen hatten. Das war genau das, was wir jetzt brauchten. Wir fingen also gemeinsam damit an – jeder für sich und dennoch zusammen. Es war so eine schöne Zeit, uns über das auszutauschen was wir gerade gelesen hatten. Dies bot die Möglichkeit, ebenfalls Gemeinsamkeiten zu finden. VERRÜCKT, wie oft wir die gleichen Stellen als besonders erachteten! Wenn wir selber einmal in den eigenen E-Mails nicht die richtigen Worte fanden, dann gab es diese Abkürzung, und wir zitierten aus dem Buch. Ich glaube, so, wie die beiden Hauptdarsteller dort ihre eigene Sprache entwickelt haben, so war es auch bei uns. Es war die Zeit, in der wir lernten, die geschriebenen Worte und Stimmungen des Gegenübers zu deuten. Und noch etwas: Ich erfuhr zudem zufällig, dass in ein paar Wochen der erste Band in Berlin als Theaterstück auf die Bühne kommen sollte.

Ich erinnere mich gerade an einen ganz besonderen Abend. Marie hatte in der Woche eine Idee oder es war sogar ein Wunsch: wieder ein Gedankendate am Sonntagabend. 19:00 Uhr, mit mir und dem Buch. Es gab ein Motto. Es sollte eine

Kurzreise ans Meer sein – mit Badezusatz, der das Wasser blau färbt. Wir haben ihn uns beide extra für die Verabredung am Sonntag gekauft und machten ab, dass jeder eine Kerze anzündet. Fehlte nur noch eines, ein Treffpunkt – Kapitel 14 aus dem Buch. Wir haben uns den ganzen Tag darauf gefreut, und es war wirklich so, als hätte ich gleich ein Date, als würde ich diese bezaubernde kleine Lady treffen, um etwas mit ihr zusammen zu unternehmen. Man möchte nicht zu spät kommen und plant im Kopf die Dinge, die man vorher noch erledigen muss. Je näher der Zeitpunkt rückt, desto nervöser wird man. Erst diese Vorfreude und dann der Moment, wenn man die Badezimmertüre hinter sich schließt und den Hebel der Badewannenarmatur umlegt. Das Geräusch des einlaufenden Wassers. Zu sehen, wie es sich meerblau färbt und der frische Geruch des Zusatzes, der einen langsam erreicht. Dann ist die Badewanne voll, man legt den Hebel der Armatur zurück in die Ausgangsstellung, steigt ins Wasser und genießt für einen Moment die plötzliche Ruhe, bevor man das Buch aufschlägt. Es war klar, dass uns erst die Wassertemperatur wieder von dieser Kurzreise ans Meer zurückholen würde. Aber wir waren uns einig: Schnell in die Bademäntel und mit dem Buch auf das Sofa. Marie fragte, ob wir bis ans Ende des Buches schwimmen oder direkt bis nach Berlin.

Direkt bis nach Berlin schwimmen? Kopfschüttel. Da war es wieder, dieses Satzeichen; grammatisch dieses Mal einwandfrei. Und schon wieder diese Stimme des Apfels, der ruft „Iss mich!" Ich bin auf die Internetseite gesurft, wo ich von dem Theaterstück gelesen hatte, und war irgendwann an der Stelle, wo man Karten reservieren konnte. Es waren noch welche verfügbar. Das habe ich dem Apfel mitgeteilt, und er hat es Marie gesagt. Und Marie hat die Frage ausrichten lassen, ob es noch Karten für die letzte Märzwoche gibt. Dieses Mal hinter dem Satzzeichen ein >>*zwinker*<<. Okay. Jetzt war es nicht mehr nur ein Wunsch, vielleicht etwas verstanden oder interpretiert zu haben, was man gerne gehört hätte. Sie wollte es also auch: nach Berlin, mit mir. Dann war dieser wunderbare Abend vorbei.

Am nächsten Tag schrieb sie, dass sie zum ersten Mal von mir geträumt und gut geschlafen habe. Na dann konnte der Traum ja so schlimm nicht gewesen sein. :-) Sie meinte, dass wir VERRÜCKT seien. Zu VERRÜCKT? Püüüühhh!

Sie wollte von mir wissen, ob ich auch schon einmal von ihr geträumt hätte. Das konnte ich ganz klar beantworten. Da ich nachts leider nur sehr selten träume bzw. so träume, dass ich mich am nächsten Morgen nicht mehr daran erinnere, war dies also nicht der Fall ... im klassischen Sinne ein Nein. Aber dafür träume ich sehr oft mit offenen Augen und einfach nur so. Ich bin ein Tagträumer und als dieser habe ich ständig an sie gedacht und von ihr geträumt, zum Beispiel von ihrem IST-Zustand in einer der „interessanten" Hosen. Oh je! Oh ja! Also: Mit IST-Zustand meine ich ihren Popo. Der ist nämlich nicht Püüüühhh, sondern Puuhhhh! Und die Bezeichnung IST-Zustand, weil sie viel Sport getrieben hat und sie sollte immer nur so viel Sport machen, dass er so bleibt, wie er gerade war, denn genau so war (und ist) er einfach perfekt. Das „Interessante" an einigen ihrer Hosen war ihr enger Schnitt, mit dem sie das ohnehin süße Hinterteil betont haben, und dann verzichten einige Manufakturen auch noch gänzlich auf Taschen am Gesäß. Diese Kombination an ihr ... unglaublich! Hey, was wollt ihr? Letztendlich bin auch ich nur ein Mann. Jetzt habt ihr mich abgelenkt, denn eigentlich waren wir doch bei einem ganz anderen Thema! Es ging um Karten für die letzte Märzwoche.

Das nagte an ihr, und sie war ganz schön nervös, weil sie in der kommenden Woche in den Urlaub fuhr und sich entscheiden musste, ob wir das nun wirklich tun sollten oder nicht. Ich machte mir einen Spaß daraus zu sehen, dass sie ordentlich ins Schwitzen geriet. Da war es wieder ... PLING! Okay. Ich denke, dieses Buch würde nicht „Gleis 2 an einem Tag – Berlin" heißen, wenn sie nicht gesagt hätte, dass ich die Karten reservieren soll. :-) Na gut, aber eine Feststellung war mir doch sicher noch gestattet: >>*Wenn mal irgendwas ist: DU hast gesagt, wir machen das!*<<

Hatten wir das also geklärt. Ich fasse mal zusammen: Tom und Marie fahren zusammen nach Berlin, um das Theaterstück von „Gut gegen Nordwind" anzuschauen, ohne auch nur je ein gesprochenes Wort gewechselt zu haben. Und das sollte so funktionieren: Sie fahren morgens früh mit der Bahn nach Berlin, verbringen dort den Tag und gehen abends ins Theater, um mit dem letzten Zug gerade so spät bzw. früh wieder zurückzufahren, dass man am nächsten Morgen vom Bahnhof direkt zur Arbeit geht. Ich habe mich darüber amüsiert, was Marie denn jetzt schon vermuten ließ, dass wir mit einem breiten Grinsen und einem warmen Gefühl zurückkommen würden.

Diese Zeit war so schnell und so VERRÜCKT. Man konnte gar nicht mehr über Dinge nachdenken, und wir wollten es auch gar nicht. Wir waren im freien Fall, haben es einfach getan und niemand war da, der uns aufgehalten hätte.

Bis dahin waren es nur noch drei Wochen, und davon war Marie auch noch eine im Urlaub, und zwar die kommende. Ich weiß noch, wie sie geschrieben hat, dass sie gerade an mich und diesen VERRÜCKTEN Plan denkt, anstatt ihren Koffer zu packen. Sie war so nervös! Ich liebe es, wenn sie nervös wird.

Das weckt meinen Beschützerinstinkt.

Dann war es eine sehr, sehr lange Woche ohne sie. Ihr kleiner IST-Zustand hat mir gefehlt. Schon am ersten Tag ihrer Rückkehr hatten sich ihre Worte und Sätze verändert. Sie war auf einmal viel ausführlicher. Sie öffnete sich. Wir waren jetzt Verbündete, die einen VERRÜCKTEN Plan hatten und zusammenhalten mussten. Ich glaube, es hat ihr sehr gutgetan, einmal das Gefühl zu haben, dass nicht sie diejenige sein musste, die Dinge anschob und organisierte. Wir waren ein Team, und alles war nur halb so schwer und doppelt so schön mit dem anderen an der Seite. Ich habe durch ihre Worte gespürt, dass sie sich manchmal mit ihrem Kopf an mich lehnt. Kleine Träne ... möchte gerade wieder zu ihr. Aber es ist eine Freudenträne, weil ich ihren Kopf an meiner Brust spüre.

Irgendwie gab es nur noch uns. Alles was passierte, hatte etwas mit uns zu tun. So viele Zufälle! Marie wachte vor dem Ausflug nachts oft auf, musste an Berlin denken und konnte nicht mehr einschlafen. Da habe ich einen Buchtitel zitiert: „Denken Sie nicht an einen blauen Elefanten!" von Thorsten Havener. Vielleicht habt ihr schon von diesem Phänomen gehört, dass man es gerade dann tut. Ich habe sie mit diesem Zitat in die Nacht verabschiedet, und sie ist natürlich wieder aufgewacht und hatte sofort den blauen Elefanten im Kopf. Es war herrlich, sie so nervös zu erleben, und ich habe das mit solchen Dingen auf die Spitze getrieben. Sie war sogar so nervös, dass sie ernsthaft darüber nachdachte, ob wir nicht besser vor dem ersten Treffen doch noch wenigstens ein paar Worte wechseln und vielleicht eine Fanta zusammen trinken sollten. Ich habe sie bei diesem Vorhaben wenig bis gar nicht unterstützt, weil ich diesen Zustand einfach so sehr genossen habe. Außerdem stimmte es nicht mehr, dass wir noch nie miteinander gesprochen hatten, denn schließlich hatten wir uns mittlerweile im Vorbeigehen in der Kantine mal einen guten Appetit gewünscht! Zugegeben, es war ein sehr leises Unterfangen gewesen, aber ich habe es zusätzlich visuell von ihren süßen Lippen ablesen können.

Sie war so anhänglich und hat meine Nähe gesucht, wo sie nur konnte. Es ist gerade so widersprüchlich, dass sie jetzt, wo ich hier sitze und diese Zeilen schreibe, nicht mehr da ist. Schnell wieder die Augen schließen!

Marie wollte einfach los. Ich habe geschrieben, dass es noch neun Tage sind und sie hat geantwortet, dass es leider noch neun Tage sind. Sie hat sich gefragt, wie wohl das Wetter wird, und ich habe geantwortet: >>*Es ist egal, weil ich die Sonne dabeihaben werde.*<< Jeder Satz wie im Rausch. Die Sinne geschärft bis auf das Äußerste. Die Gedanken waren beim Endlich-zusammen-sein-Können, und alles andere war darüber so unwichtig. Ja, das war es. Ja, das ist es. Und ja, das wird es immer sein.

Am Ende der Woche wünschte sie mir ein schönes Wochenende und nannte mich >>*Mein kl. blauer Elefant*<<. Ihr kleiner blauer Elefant. Sehr gerne. Später am Wochenende habe ich ihren Kopf wieder gespürt, der meine Nähe sucht, sich anlehnt und mich fragt, wann wir uns denn am kommenden Mittwoch treffen. Von welchem Gleis wir losfahren und ob sie etwas zu essen mitbringen soll. Sie hat mir erzählt, dass es das VERRÜCKTESTE sei, das sie je getan hätte. Ich musste so lachen bei dieser E-Mail, weil sie dort die Dinge aufgeführt hatte, die sie bisher als verrückt erachtet und erlebt hatte. Dabei fragte sie sich selbst, was ihre Mutter wohl dazu sagen würde, wenn sie all das wüsste. Aber dann stellte sie fest, dass das alles nur Kindergeburtstag war im Vergleich dazu, mit jemandem, mit dem man nur ein paar Worte gewechselt hatte, für 86.400 Sekunden – über Nacht und vielleicht auch noch ohne Schlaf, aber dafür mit Frühstück am nächsten Morgen ... also definitiv nicht „nur für eine Nacht" – nach Berlin zu fahren. Wenn sie so davon erzählte, dann war sie manchmal unsicher und fast ein wenig ungläubig, dass es vielleicht doch alles nur ein Traum sein könnte. Sie hatte tatsächlich Angst, dass sie gleich jemand kneift. Sie hat mich gewarnt, ich solle keinen Rückzieher machen. Zwei Tage bevor es losging, war ihre Nervosität nicht mehr zu überbieten. Wisst ihr, was? Sie hat mir sogar eine Strategie unterstellt, dass ich mich extra so wenig melde und blicken lasse, nur um sie noch nervöser zu machen. Aber so etwas würde ich doch nie tun! Oder? ;-)

Es war so unglaublich unwahrscheinlich, dass ich dieses Date hätte verpassen wollen. Ich war doch auch nervös, die ganze Zeit! Sie endlich bei mir zu haben und auf diese hübsche kleine Lady aufpassen zu dürfen. Ich wusste, dass die Anziehungskraft jetzt so groß und stark war, dass sich uns nichts und niemand mehr in den Weg stellen konnte. Die beiden Magneten werden sich ganz nah sein und einander vielleicht sogar berühren?

Ob und wie ich in dieser Nacht geschlafen habe, ist mir ebenso entfallen wie all die weiteren Tätigkeiten, die dazu gehören, um früh morgens aufzustehen, sich anzuziehen, seine Sachen zu organisieren und mit dem Auto zu einem Bahnhof zu gelangen. Dieser Tag lag vor uns wie ein leeres Stück Papier, das ungeduldig darauf wartete, endlich mit Leben gefüllt zu werden. Ein Gestern hatte es scheinbar nie gegeben und ein Morgen war nicht existent. Es gab nur das Hier und Jetzt, diesen einen Moment.

KAPITEL DREI

Als ich das Bahnhofsgebäude betrete und mir die große Uhr mit den riesigen Zeigern inmitten der Menschenmenge bestätigt, dass ich rechtzeitig angekommen bin, fällt die innere Anspannung, etwas Unvorhersehbares könne passieren, schlagartig ab. Das hatte mich die ganze Zeit begleitet, seitdem ich endlich aufstehen durfte. Habe ich die Eintritts- und Fahrkarten? Hoffentlich ist kein Stau auf der Autobahn. Hoffentlich finde ich einen Parkplatz, und hoffentlich ist die S-Bahn pünktlich. Vermutlich ist das alles wieder nur ein Mechanismus des menschlichen Körpers, um sich auf das zu konzentrieren, was gerade nötig ist. Das ist jetzt erledigt, und mit jedem weiteren Schritt in Richtung Gleis 2 kommen neue, andere Hormone zum Einsatz, die sprichwörtlich etwas ganz anderes im Sinn haben: Marie!

Jetzt bin auch ich so unglaublich nervös, dass ich tatsächlich die Menschen um mich herum unbewusst anschaue, ob sie vielleicht mitbekommen, dass mein Herz fast aus meiner Brust springt, weil es so sehr klopft. Aber nach außen scheint alles okay. Die anderen folgen unbeirrt der Hektik des einsetzenden Alltags, während sich meine Welt immer langsamer zu drehen beginnt, und ich habe fast Bedenken, dass sie ganz stillstehen könnte, noch bevor ich auf Gleis 2 ankomme, wäre da nicht auf einmal die Rolltreppe, die mir plötzlich einen Ruck gibt, mich an schubst und kontinuierlich, aber dennoch unaufhaltsam nach oben zum Bahnsteig befördert und mir nun auch physisch klarmacht, dass es anscheinend kein Zurück mehr geben soll. In den letzten Sekunden ist es wie eine Bühne, über der sich der Vorhang langsam in die Höhe hebt. Noch ist die Rolltreppe das Einzige, was ich sehen kann, doch dann verschwindet sie Stufe für Stufe, und der Schauplatz wird Stück für Stück sichtbar: erst die grauen Betonplatten am Boden, dann rechts im Blick die Schienen, gefolgt von der kompletten Gleisanlage mit

Sitzgelegenheiten und am Ende die große Anzeigetafel. Dann bleibt der Horizont unverändert. Ich bin da und benötige einen Moment, um sie zu entdecken. Sie geht, mir den Rücken zugewandt, auf dem Bahnsteig entlang und kann mich noch nicht sehen. Ich schließe mich ihr an, gehe hinter ihr, und es ist nur eine Frage der Zeit, bis sie sich unverhofft umdrehen wird, um in die entgegengesetzte Richtung zu gehen. Es ist das erste Mal, dass ich sie länger als einen AugenBLICK anschauen darf und es natürlich auch tue. Ich genieße diese Sekunden hinter ihr so sehr, und es gibt nur eine Sache für die ich sie eintauschen möchte. Dafür ... oh je, sie dreht sich um! Von null auf Schmunzeln in weniger als einer Sekunde! Erst bleiben wir stehen und gehen dann langsam und kopfschüttelnd aufeinander zu. Es ist 08:40 Uhr. Die nächsten acht Minuten bis zum Eintreffen des Zuges sind geprägt von:

>>Hallo<<
Kopfschütteln
>>Du bist verrückt.<<
Kopfschütteln
Schmunzeln
>>Nein, du bist verrückt.<<
Kopfschütteln
Schmunzeln

Ich weiß nicht, wie wir es geschafft haben, aber ein paar Minuten später sitzen wir nebeneinander (!) im Zug nach Berlin.

Wenn ich es noch wüsste, dann würde ich euch jetzt schreiben, was die ersten Worte waren und ebenso, was wir uns alles während der über vier Stunden langen Fahrt erzählt haben. Aber es ist schon so lange her, und es waren so viele Worte über die Jahre, dass ich leider schon einige davon vergessen habe. Wir haben natürlich darüber gesprochen, wie oft wir uns Gedanken gemacht hatten, ob der jeweils andere auch wirklich kommen würde. Dass das alles so unwirklich war. Immer dann haben wir geschwiegen, saßen einfach nur kopfschüttelnd da und schauten uns kurz an. Ja, nur kurz, weil uns zu mehr wohl noch der Mut fehlte.

Wir haben Mürbchen gegessen und Kakao getrunken. Ich glaube, dabei ist es auch passiert, dass wir uns berührt haben. Es war unser erster Berührungspunkt, meine Hand an ihrem Bein. Sie hat mir später mal erzählt, das sehr bewusst wahrgenommen und gespürt zu haben. Wenn sie jetzt hier bei uns wäre, dann könnte sie uns genau sagen, wo dieser Punkt ist.

Es ist kurz vor Berlin, als Marie für eine Zeit aus dem Fenster schaut und ich sie dabei beobachte. Ihre Pupillen sausen ständig von links nach rechts und wieder zurück, weil sie sich die Häuser und andere Dinge im Vorbeifahren anschaut. Ich nutze unbewusst die Gelegenheit, um sie aus dem Augenwinkel anzuschauen. Ihre Stirn und die Augenbrauen, die ich so gerne mit dem Finger nachzeichnen würde, um zu sehen, ob sie wirklich so weich sind, wie ich es vermute; die Wangen und diese Schmunzelfältchen; ihre Ohren, den Mund und den Hals. Sie trägt eine weiße Bluse und ihr Dekolleté ist einfach hinreißend. Sie ist so unglaublich hübsch! Kopfschüttel.

Die Zeit vergeht so schnell und dann sind wir auch schon am Berliner Ostbahnhof angekommen. Wir steigen aus, und in der Bahnhofshalle erstreckt sich vor uns diese riesige Glasfront, durch die man auf den großen geräumigen Vorplatz und das Reichstagsgebäude sehen kann. Könnt ihr euch vorstellen, dass wir über alles Mögliche gesprochen haben, aber kein Wort darüber verloren hatten, was wir denn eigentlich machen, wenn wir angekommen sind? Wir waren völlig ohne Plan und ohne jegliche Orientierung.

Als wir draußen vor dem Bahnhof stehen und ich mein Smartphone auspacke, um zu sehen, wohin wir eigentlich gehen müssen, um in die Stadt zu gelangen, kommt Marie mir unverhofft auf einmal ganz nah, weil sie auch etwas vom Display sehen möchte. Bei der Erinnerung an diese Situation muss ich einfach nur glücklich grinsen, denn ihr könnt euch einfach nicht vorstellen, wie plan- und orientierungslos zwei erwachsene (studierte!) Menschen sein können, wenn sie so nervös und nur aufeinander fixiert sind, dass sie selbst die vier Himmelsrichtungen nicht mehr kennen.

Egal. Egal. Alles egal! Wir gehen einfach los und folgen der Richtung, die am schönsten aussieht und bei der wir das beste Gefühl haben. Unser Weg führt uns über den großen Vorplatz am Reichstagsgebäude vorbei. Das ist sicherlich beeindruckend, aber nicht für uns an diesem Tag. Wir lassen es linkerhand liegen und treffen irgendwann auf ein Hinweisschild, das uns den Weg Richtung Potsdamer Platz und dem Brandenburger Tor weist. Bis dahin ist alles recht ruhig und gemächlich vonstattengegangen, aber als wir durch den großen Torbogen gehen, sind wir nur noch ein winziger Teil des bunten Treibens dieser Stadt. Sie hat uns aufgenommen und reißt uns mit. Jetzt sind wir nicht mehr Tom und nicht mehr Marie. Jetzt sind wir Tom und Marie und für die anderen gehören wir so zusammen, als wäre es nie anders gewesen.

So war es immer am schönsten, dann waren alle Probleme, Sorgen, Ängste und Hindernisse unwichtig ... so weit weg.

Wir mischen uns unter die Menschenmenge, wo so mancher Einheimischer sich etwas hat einfallen lassen, um den Touristen den ein oder anderen Euro zu entlocken. Von Fotos mit einem (Berliner) Bären bis hin zu anderen üblichen Verdächtigen, die man immer wieder in den Fußgängerzonen der Metropolen dieser Welt entdecken kann. Die Menge spült uns weiter geradeaus, mitten ins Herz der Stadt, bis wir zwischen zwei Gebäuden den Fernsehturm sehen und beschließen, dass er unser Ziel sein soll. Er steht mächtig, imposant und fast genau vor uns. Einmal nach links abbiegen, und er ist zwar aus dem Blick verschwunden, aber die Richtung muss ja stimmen. Also wir hätten gedacht, das wären vielleicht fünf bis zehn Minuten Fußweg, aber es scheint kein Ende zu nehmen, mal ist er hier und mal dort, nur kommt er irgendwie nicht näher. Wir sind schon eine ganze Zeit auf den Beinen, und als wir an einen Platz kommen, der uns zum Verweilen einlädt, setzen wir uns auf eine Bank, und Marie überrascht mich mal wieder vollends, als sie eine Fanta aus ihrer Tasche holt und fragt, ob ich Durst habe. Unser erster Drink. :-) Das hat sie mir, glaube ich, nie verziehen, dass ich ihre Einladung zu einer Fanta in der Kantine nicht angenommen habe. Es tut gut, wenn jemand so aufmerksam ist und sich auch solche vermeintlichen Kleinigkeiten merkt.

Es ist ein sehr unerwartetes und intimes Gespräch, das wir führen. Es ist anders, weil sie mir etwas sehr Persönliches von sich erzählt. Etwas, dass sie noch nicht vielen erzählt hat und deshalb auch kaum jemand weiß. Als wir weitergehen, sagt sie mir, dass sie sich gerade über sich selber wundert, weil sie es ausgerechnet mir, einem fast Unbekannten, erzählt. Ich merke, dass es ihr wichtig ist und viel bedeutet. Ich lasse sie einfach erzählen und empfinde es sofort als sehr großes Kompliment ... nein, Vertrauen. Es hat ihr sichtlich gutgetan, und dabei belasse ich es auch ohne weitere Rückfrage.

Wir verweilen noch eine Zeit schweigend auf der Bank und brechen wieder auf. Irgendwo muss dieser Turm doch sein! :-)
Unglaublich, wie lange man unterwegs sein kann, um einen Fernsehturm zu finden, der quasi schon vor einer Stunde fast genau vor einem stand! Doch dann sind wir endlich da, nur leider macht uns die riesige Schlange vor dem Eingang einen Strich durch die Rechnung. Es würde ewig dauern und wir haben beide wohl im Kopf, dass die Zeit einfach viel zu schade ist, um sie von den 86.400 Sekunden dafür zu verwenden, um anzustehen. Zum Warten sind wir einfach nicht hier, und deshalb schauen wir uns an. Marie findet mal wieder die richtigen Worte: >>*Dann müssen wir wohl noch mal wieder kommen!*<<

Mittlerweile ist es Nachmittag und es wird kälter. Wir gehen in eine Bar, um uns aufzuwärmen und einen Kakao zu trinken. Ich werde das Gefühl nicht los, dass sie meine Nähe sucht, wann immer sich die Gelegenheit bietet, aber ich kann mich auch täuschen und weiß nicht, ob das nicht einfach ihre Art ist. Ich beschließe, standhaft zu bleiben, obwohl es mich zu ihr zieht und ich es so gerne erwidern würde. Das fühlt sich unnatürlich an, so als wenn zwei Magneten sich gegenüberstehen und man sich die ganze Zeit gegen diese Anziehungskraft wehrt. Es liegt etwas in der Luft, was zu schön ist, um es wahrhaben zu können. Gestärkt und aufgewärmt geht es weiter. Die Bar befindet sich in der Nähe des Alexanderplatzes und der riesige Kaufhof dort bietet sich an, um nach einer Armbanduhr für mich zu schauen.

Die ganze Zeit war Marie an meiner Seite, aber auf der Suche nach der Uhr wird sie flügge, verschwindet kurz um die Ecke und dann ist sie wieder da, um mir ihren Vorschlag zu zeigen. Dabei achtet sie sehr genau auf meine Reaktion und darauf, was ich dazu sage. So kommt sie mit ihren Vorschlägen tatsächlich immer näher. Das ist angenehm, weil ich zwar gerne shoppen gehe, mich aber so schlecht entscheiden kann. Irgendwann sind wir uns einig und haben ein Modell gefunden, das uns beiden sehr gefällt. Ich habe die hübscheste, netteste und kompetenteste Beraterin der Stadt.

Der Abend nähert sich langsam, und wir müssen einen Richtungswechsel vornehmen. Das Theater liegt am Kurfürstendamm, und das ist zu Fuß nicht zu schaffen. Wir machen uns am Alexanderplatz auf die Suche nach einer Bahn, studieren wieder den Stadtplan – dieses Mal mit Ziel, aber immer noch ohne Orientierung. Wir kaufen uns Tickets am Automaten. Alles, was wir tun, tun wir gemeinsam. Deshalb ziehen wir auch nicht nacheinander die beiden Fahrkarten, sondern Marie bestätigt eine weitere Karte, und wir zahlen zusammen in einem Vorgang. Das sind nur Kleinigkeiten, aber sie zeigen, dass wir zusammengehören oder zumindest gehören wollen. Wir fahren mit der U2 in Richtung Ruhleben und steigen dann am Wittenbergplatz noch für eine Station in die U1 in Richtung Uhlandstraße um. Die Bahn ist sehr voll, wir stehen im Gang, und Marie nutzt ein paar Mal die Gelegenheit, sich an meiner Umhängetasche festzuhalten, damit sie ihr Gleichgewicht nicht verliert. Ich glaube, wir kommen uns immer näher, je öfter die Bahn anhält und sich die Türen öffnen und wieder schließen. Es ist, als ob wir das tun würden, damit die zugestiegenen Leute auch genug Platz haben. Ich weiß es nicht, aber ich glaube, die Bahn wurde eher leerer anstatt voller. Aber ich weiß es wirklich nicht.

Wir schauen uns sehr oft an, wenn auch nur kurz; und was dann passiert, ist einfach nur VERRÜCKT! Das ist kein Zufall mehr. Unmöglich! Erinnert ihr euch noch daran, dass ich Marie mal von einem Buch erzählt und den Titel zitiert habe „Denken Sie nicht an einen blauen Elefanten!"? In der Bahn ist einer dieser

Bildschirme, wo die nächste Station, Werbung, Nachrichten oder das Wetter angezeigt werden, und genau in dieser Sekunde, als wir dort gemeinsam hinschauen, in dieser einen Bahn, in dieser riesigen Stadt ... eine Werbeeinblendung des Covers von eben diesem Buch! Wie viele Sekunden sind seitdem vergangen, wie viele dieser Bildschirme und Bahnen gibt es, wie viele Bücher, und wie hoch ist die Wahrscheinlichkeit gerade dort zu sein, wenn es angezeigt wird, und dann auch noch hinzuschauen? Es ist selten, wenn ich für etwas keine Worte finde, aber ich kann es nur so stehen lassen. Wir sind wie erstarrt. *>>Das kann doch nicht wirklich gerade passiert sein?<<* Unsere Blicke treffen sich und wir lassen sie bis zu nächsten Haltestelle nicht mehr los.

Dort steigen wir aus und befinden uns einige Minuten später mitten auf dem Kurfürstendamm. Wir beschließen, zuerst das Theater zu suchen, um dann in dessen Nähe noch etwas zu essen, bevor wir zur Vorstellung gehen. In einem gemütlichen Tempo schlendern wir die Promenade entlang und sind, wie es scheint, ein wenig platt von der ganzen Lauferei. Auf jeden Fall stehen wir irgendwann an einer roten Ampel, und ich bin auf einmal so nah an Marie, dass ich sie nicht nur ein wenig anremple. Ich kann es mir nur so erklären, dass ich wirklich keine Kraft mehr habe, um mich gegen diese Anziehungskraft zu wehren. Das ist uns an dem Tag jetzt schon des Öfteren passiert, Tendenz steigend.

Nach einiger Zeit stellt sich heraus, dass wir instinktiv in die richtige Richtung gehen, und entdecken das Theater am Kurfürstendamm, wo in einer Stunde die Vorstellung beginnt. Schick essen gehen kann ja jeder, aber auch das sind nicht wir an diesem Tag. Das wäre viel zu organisiert und viel zu perfekt für uns. So landen wir in einer kleinen, sehr schlichten

Currywurstbude in einer Seitenstraße in der Nähe des Theaters. Es ist sauber, die Bedienung nett und das Essen schmeckt, soweit wir das überhaupt wahrnehmen. Es sind kaum Gäste anwesend, sodass es angenehm ist, einmal etwas Ruhe nach dem Tag in der bunten, aber auch stets lauten Stadt zu haben. Die Dämmerung bricht an und macht unterbewusst deutlich, dass die Vorstellung jetzt bald anfängt, sich dieser Tag dem Ende nähert und bereits ein bisschen Wehmut in der Berliner Abendluft liegt.

Vor dem Eingang des Theaters ist ein roter Teppich ausgebreitet, über den in überwiegend ausgelassener Stimmung, recht gut gekleidete Menschen zur Garderobe und in den Saal strömen. Also ich möchte euch dabeihaben, wenn Tom und Marie im Theater sind und sich die Vorstellung anschauen. Vielleicht war jemand von euch schon einmal dort. Für diejenigen unter uns, die es noch nicht waren, versuche ich den Saal einmal kurz zu beschreiben. Puh, also ich kenne mich mit den Begrifflichkeiten der verschiedenen Bau- und Möbelstile nicht wirklich aus, und ich nenne es laienhaft einfach mal Barock, in der Hoffnung, dass ich mich damit nicht ganz blamiere. Die Grundform ist eher rund als eckig und der Raum gefüllt mit edlen Stühlen mit rot bezogenem Stoff. In die Wände sind kleine Balkone eingearbeitet. Deren Rückwände sind ebenfalls mit diesem roten Stoff der Stühle bezogen. Die Decken und Wände im gesamten Saal sind mit ein wenig Stuck abgesetzt, und hier und da findet man goldfarbene Verzierungen. An der Decke ist eine Art Kuppel angedeutet, in der sich eine runde und sehr große Leuchte befindet, die den ganzen Saal mit dezentem Licht versorgt. Sehr gemütlich, gediegen und das Ambiente sowie die ganze Stimmung verpflichten einen stillschweigend dazu, leise zu reden. Überall hören wir, wie Menschen sich fast flüsternd unterhalten, bis der letzte Gong ertönt und es endlich (?) losgeht.

Es ist ein tolles Stück mit zwei sehr sympathischen Schauspielern. Und dann ist auch schon Pause. Der Vorhang senkt sich, und das Licht wird heller, sodass die Bühne wieder im Hintergrund verschwindet und der Rest des Saals zum Vorschein kommt. Die meisten der Zuschauer verlassen ihre Plätze, um etwas zu trinken oder sich frisch zu machen. Es ist still im Saal. Wir bleiben sitzen, schweigen, und ich schaue hinüber zu Marie. Ihr Blick ist anscheinend schon länger auf mich gerichtet, sie schaut mich an, holt tief Luft und sagt mit trauriger Stimme: >>*Jetzt ist der Tag auch schon fast wieder vorbei.*<< Dann machen sich ein paar einsame Tränen auf die Reise entlang ihrer Wange. >>*Hey, es ist alles okay, ich bin bei dir ...*<< Ich wische ihre Tränen sanft weg und nehme sie in den Arm. Ich küsse ihre Stirn, und sie lässt sich fallen, fängt richtig an zu weinen. Es dauert einige Minuten, bis die Anspannung von ihr abfällt. Es geht nicht mehr! Die beiden Magnete haben sich berührt, und Marie hat nur das ausgesprochen, was zu gleichen Teilen ebenso in mir vorgeht. Ich will zu dir, dich berühren, spüren, riechen und einfach nur ganz nah bei dir sein. Und vor allem möchte ich, dass dieser Tag nie vergeht!

Das, was da zwischen uns vorgeht, bleibt von den anderen Zuschauern so gut wie unbemerkt. Für sie sind wir vermutlich zwei frisch Verliebte, und sie kuschelt sich einfach an ihren Freund. Ich bin froh, dass sie noch mal kurz schmunzelt, bevor das Licht wieder schwächer wird und sich der Vorhang für die zweite Halbzeit erhebt. Dann ist es vorbei. Dort, wo gerade noch mit tobendem Applaus die Darsteller gefeiert wurden und diese sich in unzähligen Runden immer wieder dankend vor dem Publikum verbeugten, herrscht jetzt wieder Stille. Es gibt fast nur noch uns zwei im Raum.

Als wir vor dem Theater stehen, schauen wir gemeinsam auf die Uhr. Es bleibt noch etwas Zeit, bis wir in Richtung Bahnhof aufbrechen müssen. Es ist bitterkalt geworden in der Stadt. Wir sprechen hier über zweistellige Minusgerade in dieser Nacht. Ich nehme Marie in den Arm, sie kuschelt sich fest an mich, und wir gehen los, um nach einer Bar oder Ähnlichem Ausschau zu halten, wo wir noch etwas trinken und uns aufwärmen können. Direkt um die Ecke vom Theater finden wir etwas und gehen, ohne groß nachzudenken, hinein. Es ist eine Bar, in der es sehr dunkel ist, hier und da ein paar Lichteffekte und laute Musik. Wir setzen uns an den Tresen und bestellen irgendetwas. Das ist jetzt alles so unglaublich nebensächlich, weil wir einfach die Welt um uns herum nicht mehr wahrnehmen. Wir schauen uns nur an, und ich berühre ihr Gesicht. Wir küssen uns. Es ist nicht so, als wäre man ausgehungert, als könnte man es kaum erwarten oder als wäre da ein unbändiger Trieb, den es zu befriedigen gilt. Nein, das ist es nicht. Ich kann nur für mich sprechen, es ist einfach nur wunderbar, dass ich sie anschauen, berühren, spüren und riechen darf. Ihre Lippen sind so weich und warm, genau wie ihre Hände und die Wangen. Es ist wie im Rausch: Cocktails, laute Musik, buntes Licht und fremde Stimmen.

Dann haben wir nicht mehr viel Zeit und müssen los. Der Zug hat seine geplante Abfahrtszeit von irgendwas kurz vor Mitternacht. Doch das Eintreffen dieses Zuges erleben wir nicht. Das gute Stück ist irgendwie liegen geblieben, und ein Ersatz ist erst für kurz nach 2:00 Uhr angekündigt. Selbst für so eine Großstadt ist der Bahnhof nach Mitternacht aufgrund der Uhrzeit und der eisigen Kälte fast wie ausgestorben. Wir setzen uns auf eine Bank am Abfahrtgleis. Der Reißverschluss meiner Jacke ist geöffnet, und Marie kriecht in mich hinein. Sie zittert und bibbert so sehr, aber wenn ich sie darauf anspreche, dann behauptet sie immer wieder felsenfest:

>>*Mir ist nicht kalt.*<<

Netter Versuch, aber warum ist euch das nur so wichtig? Glaubt ihr wirklich, dass euch das jemand abnimmt in dem Moment? Ihr Mädels seid schon eine Wissenschaft für sich. Kopfschüttel. Ich liebe diesen Teil von euch und besonders den von Marie.

Es ist das Kälteste und Wärmste zugleich, was ich je erlebt habe. Ich möchte lieber erfrieren, als jemals wieder auf diese Wärme verzichten zu müssen.

Die Buchung lief auf einen IC oder ICE. Keine Ahnung, aber das, was da anrollt, ist mit einem Wort ganz leicht zu beschreiben: alt! So etwas habe ich vorher noch nie gesehen, vielleicht einmal im Fernsehen. Irgendwie habe ich sofort ein Bild der transsibirischen Eisenbahn vor Augen, die bei minus 40 Grad Celsius quer durch Russland fährt. Und genau so ist es auch im Inneren. Der Zug ist überfüllt mit komischen Menschen, die in einfacher Kleidung in den Abteilen schlafen oder einfach schweigend wie versteinert dasitzen. Alles dunkel, es ist wie in einem Schwarz-Weiß-Film. Wir gehen durch die Gänge und suchen nach zwei freien Plätzen, denn hier gibt es weder eine Beschriftung der Wagons, der Abteile noch der Sitze. Das Wort „Sitzplatzreservierung" sollte vermutlich erst in einigen Jahrzehnten nach dem Bau dieser Wagen erfunden werden. Der Zug ist schon lange in Bewegung, als wir uns erschöpft eingestehen müssen, dass im ganzen Zug keine zwei Sitzplätze nebeneinander zu finden sind. Wenigstens haben wir die Gelegenheit, einander direkt gegenübersitzen zu können. Ursprünglich hatten wir eine Reservierung für die Plätze 42/44 – nebeneinander (!). Es ist kalt. Eiskalt. Vielleicht verhält es sich mit der Heizung ebenso wie mit der Erfindung der Sitzplatzreservierung. Jetzt sitzen wir da zwischen diesen stummen Gestalten wie aus einer anderen Zeit.

Marie sucht sichtlich verunsichert meinen Blick. Sie schaut mich traurig an, was mir signalisieren soll: >>*Hey, du bist so weit weg. Ich will zu dir!*<< Sie kramt in ihrer Tasche, und ich weiß gar nicht, was sie sucht, bis sie die Kuschelsocken gefunden hat, die ich ihr geschenkt habe. Sie hat sie wirklich dabei und zieht nun ihre Schuhe aus, die Socken an, um ihre beiden Füße unter meinen Oberschenkeln zu verstecken. Während der gesamten Fahrt nehme ich sie immer wieder in die Hände und versuche sie auf diese Weise zu wärmen. Keine Ahnung, warum das so ist, aber ihre Füße waren immer etwas Besonderes für mich. Sie sind so klein. Ich habe sie immer „die beiden süßen kleinen Füße" genannt. Sie waren Ausdruck von Nähe, Vertrauen, Beschützen und Leidenschaft. Sie fehlen mir so sehr ...

Ihr habt das nun schon öfter zu hören bekommen, dass ich Marie vermisse und mir bestimmte (für mich alle) Eigenschaften fehlen. Ich fange an, mich zu wiederholen. Wiederholungen in einem Roman sind langweilig. Ich weiß. Ich habe Bücher gelesen, die einem erklären, wie man einen Roman schreibt. Es geht zum Beispiel darum, wie man Figuren einen Charakter gibt, sie entwickelt und formt, um Perspektiven, aus denen man schreiben sollte, um aktives Schreiben, Wiederholungen und so weiter und so fort. Ich habe versucht, mich danach zu richten, aber ich kann das nicht – nicht jetzt und nicht bei dieser Geschichte.

Wenn ich schreibe, dass mir ihre beiden süßen kleinen Füße fehlen, dann ist es eine Wiederholung, aber eines für mich ganz sicher nicht: belanglos. Die Geschichte von Tom und Marie ist auch die Geschichte vom Vermissen. Ich vermisse sie: abends wenn ich schlafen gehe, nachts wenn ich aufwache und meine Hände sie im Dunkeln suchen, weil sie mal wieder vergessen haben, dass sie nicht mehr da ist oder wenn ich morgens aufwache, ein neuer Tag ohne sie beginnt und ich den Sinn dahinter einfach nicht verstehe.

Wie kann er nur so eine wichtige Szene wie eben, wo beide im Zug sitzen und er gerade dabei war, ein Bild von der Situation in den Köpfen der Leser entstehen zu lassen, einfach das Thema wechseln und etwas aus Schreibratgebern erzählen und sich dann auch noch dagegen wehren und zugeben, dass er bewusst so ziemlich gegen jegliche Roman-Regel verstößt, und sagen, dass er es auch noch ganz oft tun wird? Ich kann einfach nicht anders. Ich bin wohl ein lausiger Autor und kann nur hoffen, dass ihr keine Leser „von der Stange" seid. :-) Jetzt ist mir tatsächlich kalt geworden, weil ich mich so hineingesteigert habe.

Lasst mich schnell wieder zu Marie und ihren warmen Kuschelsocken in meinen Händen zurückkehren! Füße sind schon etwas sehr Intimes. Es gehört viel Vertrautheit dazu, jemanden so nah an sich heranzulassen, obwohl man ihn vor wenigen Stunden zum ersten Mal berührt hat. Aber glaubt mir, dass sich in dem ganzen Zug nichts so normal und natürlich angefühlt hat wie das; genauso natürlich, wie es jetzt unnatürlich ist, dass ich sie nicht mehr berühren kann.

Die Stunden vergehen, und mit dem Sonnenaufgang kommt die Müdigkeit. Wir stehen auf und verlassen das Abteil, um uns in den Gang zu stellen und einmal die Beine ausstrecken zu können; um alleine zu sein. Sie ist sofort wieder in meinem Arm, so nah, wie es ihr möglich ist. Wir schauen aus dem Fenster, aber ich nehme es nicht bewusst wahr, was dort zu sehen ist, spüre nur, wie warm sich ihre Nähe anfühlt. Wir wollen beide einfach nur eng aneinander gekuschelt einschlafen. Aber im Gegenteil: Wir nähern uns dem Frankfurter Hauptbahnhof und dem Ende der 86.400 Sekunden. Dann öffnen sich auch schon die Türen, wir steigen aus und sind wieder da. Diese Welt, die sich dort vor uns auftut, erscheint uns so fremd. Einzig und allein Maries Blick ist mir noch vertraut. Es ist kurz nach sieben Uhr, und wir reihen uns in den Menschenstrom ein, bis wir an den öffentlichen Toiletten vorbeikommen. Dort möchten wir uns die Zähne putzen und ein wenig frisch machen, bevor wir uns auf den Weg zur Arbeit machen müssen. Erst legen wir das Kleingeld zusammen, um dann durch zwei verschiedene Drehkreuze und für ein paar Minuten getrennte Wege zu gehen. Das ist komisch, weil wir jetzt so lange am Stück zusammen gewesen sind. Es macht deutlich, dass die Magnete sich nun ganz bald wieder lösen müssen. Das gute Gefühl, das die ganze Zeit da war, weicht der bisher unausgesprochenen Gewissheit, wie es jetzt weitergehen wird. Es fallen kaum noch Worte. Es ist klar, was jetzt zu tun ist.

Marie hat ihr Auto im Parkhaus am Bahnhof abgestellt und wir steigen ein. Irgendwann fragt sie, ob wir uns noch eine ruhige Stelle am Ufer des Mains suchen, um uns in Ruhe voneinander verabschieden zu können. Die Suche nach einem geeigneten Ort, sie geht so schnell wie alles, seitdem sich die Türen des Zuges am Bahnsteig geöffnet haben und wir ausgestiegen sind. Die Zeit rennt. Als Marie anhält und den Motor abstellt, schauen wir uns hilflos an, sie verweilt noch einmal in meinem Arm, und dann sind nur drei Sätze mit trauriger Stimme nötig, um stillschweigend die Vereinbarung zu treffen:

>>Es war wunderschön, aber es darf nicht wieder vorkommen und muss eine einmalige Sache gewesen sein. Es kann und darf nicht mehr sein.<<

>>Ja, ich weiß.<<

Es fühlte sich an wie ein schmutziges Geschäft, das man eigentlich nicht machen möchte. Der Abschluss war so unwürdig. Ich gab ihr noch einen letzten Kuss auf ihre Stirn, und dann stieg ich aus. Marie muss noch eine ganze Zeit dort im Auto gesessen haben, denn sie kam später als ich auf der Arbeit an.

KAPITEL VIER

>>Ich habe mich darüber amüsiert, was Marie denn jetzt schon vermuten ließ, dass wir mit einem breiten Grinsen und einem warmen Gefühl zurückkommen würden.<< Erinnert ihr euch?

Und jetzt saß ich da mit dem warmen Gefühl und ohne breites Grinsen. Die Arme auf dem Schreibtisch aufgestützt, die Hände ineinander verschränkt und den Kopf darauf abgelegt. Meine Haut roch nach ihr, und ich atmete sie ein, während ich im Gedanken noch einmal die vergangenen 86.400 Sekunden durchgegangen bin. Dann schrieb ich ihr, dass mir ihr Lächeln gefallen hat. Ein tolles Lächeln. Ein warmes Lächeln, aber eines ganz sicher nicht: genug davon.

Sie schrieb zurück, dass es schön sei, dass ich mich nochmal zwischen ihre E-Mails geschmuggelt habe, dass mein Geruch noch bei ihr ist und es ein sehr, sehr langes (Oster-)Wochenende werden wird. Ich musste an das kleine Stofftier denken, das ich während des Ausflugs die ganze Zeit in meiner Tasche hatte und das ich ihr eigentlich als kleines Andenken geben wollte, wenn wir uns wieder verabschieden würden. Aber nach den letzten Worten der Verabschiedung im Auto hatte ich nicht mehr daran gedacht oder es als unpassend empfunden. Das was mir gerade durch den Kopf ging, war eigentlich schon gegen die Abmachung, dass es nicht mehr sein konnte und durfte. Ich begann darüber nachzudenken, und die eben noch so klaren und eindeutigen Worte bekamen auf einmal Lücken, als wenn wir etwas vergessen hätten. Und das hatten wir auch. Was bedeutete „nicht mehr sein kann und nicht sein darf"? Was war mit dem „aber auch nicht weniger"? Das war ein komischer Rest vom Tag; ein schwebender Zustand zwischen allem und irgendwie nichts. Ich hatte kein gutes Gefühl dabei, aber ich habe es einfach getan und ihr das kleine Stofftier zukommen lassen. Nach dem Auspacken stellte sie fest, dass es nach meinem

Parfum roch, und teilte mir mit, dass es ganz schön gemein sei, ihr meinen Duft für das sehr, sehr lange Wochenende zukommen zu lassen. Sie unterstellte mir sogar wieder eine Strategie. Ja, vielleicht war es deshalb kein gutes Gefühl. Es hatte sich immer alles von alleine ergeben, und mit dem Stofftier wollte ich ja erreichen, dass sie mich nicht vergisst. Aber am Ende des Tages war das jetzt auch egal. Wir waren müde und wollten nur noch mit den Gedanken an Berlin ins Bett und schlafen, schlafen, schlafen.

Wochenende und viel Zeit zum Nachdenken. Was sollte ich tun? Wozu hättet ihr mir geraten? Was ist richtig und was falsch? Hey, nicht nur lesen und zurücklehnen! Ihr dachtet wohl schon, ich hätte euch vergessen? Sicher nicht. Ich brauche euch doch. Ansonsten führe ich hier gerade Selbstgespräche?! Aber mal wirklich, die Lage war ernst. Theoretisch gab es drei Möglichkeiten:

1.   Wir hören auf den Verstand und beenden diese Geschichte, behalten die Zeit und den wundervollen Tag für immer in unseren Herzen (= nicht mehr).

2.   Wir frieren den Zustand ein (= nicht mehr, aber auch nicht weniger).

3.   Wir hören auf unser Herz (= mehr).

Zweitens hat wohl noch nie funktioniert, oder? Einen Zustand im Leben einzufrieren, das geht einfach nicht.

Etwas zu beenden hingegen, kann manchmal sinnvoll sein, wenn man etwas in Sicherheit bringen möchte, von dem man glaubt, dass nicht mehr davon möglich ist.

Ach kommt und schaut nicht so unschuldig! Ihr wollt es doch auch. Lasst uns VERRÜCKT sein, aber vergewissern wir uns kurz, dass allen, die mitmachen, klar ist, dass es nicht ohne Folgen bleiben könnte.

Also habe ich Marie eine Schreibpause und somit Zeit angeboten, um sich über die Situation Gedanken machen und vielleicht ebenfalls die drei Möglichkeiten abwägen zu können. Anscheinend hatte sie das schon getan, denn ihre Antwort kam sehr schnell, und sie war ebenso eindeutig: Sie wollte weder eine Schreibpause, noch wollte sie vernünftig sein. Sie hatte ganz andere Dinge im Kopf. Maries Loft bot einen Blick auf den Main. Und als sie am Samstagmorgen mit einer Tasse Kaffee aus ihrem Fenster auf den Fluss schaute, sah sie sich und Tom am Ufer gegenüber stehen. Er stand hinter ihr, und sie spürte seinen Atem an ihrem Nacken und dem Hals, während sie auf das Wasser schaute (leider nicht auf das Meer). Ihr Wunsch war es, noch lange so stehen bleiben zu können. Ich wollte auch dort sein und habe ihr, ohne nachzudenken, angeboten, dass wann immer sie es möchte und braucht, dann soll sie auf den Fluss schauen und ich stehe im Gedanken hinter ihr.

Ich war erleichtert, weil die Anspannung und Ungewissheit, ob und wie es weiter geht, endlich von mir und uns abgefallen waren. Wir haben über solche Dinge kaum gesprochen. Eine Metapher mit uns beiden am Fluss, und alles andere war auf einmal wieder so unwichtig wie vor der Verabschiedung im Auto. Die wenige Zeit, die wir haben durften, wollten wir einfach genießen.

Unsere Gedanken in der anschließenden Woche waren geprägt von dem Ausflug auf Gleis 2. Wir durchlebten diesen Tag immer und immer wieder, beschrieben uns die jeweiligen

Lieblingsmomente, schüttelten gemeinsam den Kopf über diese besondere Vertrautheit seit dem ersten AugenBLICK, das angenehme Gefühl dieser warmen Nähe und stellten fest, dass es so viele Dinge gab, die wir noch zusammen erleben mussten, weil die Zeit einfach nicht ausgereicht hatte. Wir waren mit einer Tasche, den Eintrittskarten, zwei Zahnbürsten, einer Fanta und Kuschelsocken nach Berlin aufgebrochen und kamen mit einem ganzen Koffer voller neuer Ideen, Wünsche, Träume und Spinnereien wieder zurück.

Kennt ihr das, wenn man nachts aufwacht und so viele Gedanken im Kopf hat, dass man aus Angst davor, sie zu vergessen, nicht mehr einschlafen kann? Nein, keine unbezahlten Rechnungen oder vergessenen Mülleimer. :-)

Marie kündigte an, die ganzen Punkte zu sammeln. Sie hat es wirklich getan und sie mir in einer ihrer E-Mails zukommen lassen:

>>*Okay ... hier kommt sie, DIE (TOTAL VERRÜCKTE) LISTE ... Alles kann, nichts muss, aber nichts ist unmöglich! Ohne Anspruch auf Vollständigkeit, Umsetzbarkeit und ohne Wertung in der Reihenfolge:*

1.   *Essen beim Mexikaner*
2.   *Barfuß am Strand spazieren gehen*
3.   *Tennisturnier im Mai*
4.   *Persönliches Tennistraining für Marie*
5.   *Eine Zugrückfahrt nebeneinander (!) auf 42/44*
6.   *Currywurst von der Abrissbude in Berlin*
7.   *Vor der Arbeit (wenn du mal wieder mit Auto kommst) am Main frühstücken mit Mürbchen (übersetzt: süßes Brötchen) OHNE Rosinen und mit Kakao*

8. *Auf einer Decke liegen (am Strand oder einer Wiese) und zusammen nochmal die schönsten Stellen aus den gemeinsam gelesenen Büchern lesen *hmmhmm*
9. *Einen Fernsehturm suchen, finden UND auch hoch fahren*
10. *Als Gleichberechtigung zum Tennistraining für Marie, ein Ski- oder Snowboardtraining auf einer Piste für Tom (oder alternativ in einer Skihalle)*
11. *Ein passendes Armband zur Uhr kaufen (inkl. einer „hübschen, netten und kompetenten Beratung")*
12. *In einen Late Night Club gehen (mit IST-Zustand)*
13. *Mit dir alleine sein, die Zeit/ Welt still stehen lassen und Musik hören (mit einer Playlist unserer Lieder)*
14. *Berührungspunkte finden, spüren und genießen*
15. *Mit 1-2cm Abstand zwischen uns auf einer Bank sitzen, reden und einander mit den Gedanken ganz nah sein*
16. *Stundenlang am Stück in Maries Augen schauen*
17. *„Mal wieder" bzw. „Mal wieder nicht" ins Kino gehen*
18. *An einem heißen Tag (wenn Sonne und Wärme, ähm Hitze quasi kaum noch auszuhalten sind) ein Eis essen *mit viiiiiiiel Sahne, bitte*
19. *Im Auto sitzen und den Regentropfen zuhören*
20. *Aus dem (Zweiohr-)Schmunzelhasen einen (Keinohr)-Schmunzelhasen machen*
21. *Einen Namen für das namenlose (aber immer noch nicht geruchslose) Tier finden*
22. *Deiner Marie alle Designmanagement-Methoden (um einen kreativen Prozess zu steuern) persönlich und im Detail erklären*
23. *Auf einem Hügel oder einer Wiese sitzen und zu Chips und Fanta den Sonnenuntergang anschauen*
24. *Ganz legal im Freibad schwimmen gehen*
25. *Die Sendung mit dem Elefanten gucken*
26. *Hoffen und warten, dass „Alle sieben Wellen" auch ein Theaterstück wird*
27. *Zusammen schmunzeln*
28. *Grinsen*
29. *Lächeln*
30. *Lachen*
31. *Glücklich sein!*

32.	Aahhhh
33.	Puuuhhh
34.	Verrückt
35.	Warm ... sehr warm!

.

.

100.	Kneifen?<<

Sie hatte mich mit ihrer besonderen Aufmerksamkeit schon wieder überrascht und so tief berührt. Als ich das gelesen habe, war ich einfach nur glücklich. Es gab nicht einen Punkt, den ich nicht auch wollte. Sie war gut. Sie hatte an fast alles gedacht, aber einige wenige Punkte fehlten, und es befanden sich tatsächlich auch welche darauf, die sie ohne Absprache hinzugefügt hatte. Tzzzzz! Kopfschüttel. Aber sie war abhängig von mir, denn zum VERRÜCKTsein gehören WIR 2 und deshalb habe ich die Liste um die fehlenden Punkte, sowie mit meinen eigenen Träumen und Wünschen ergänzt:

>>36.	Nach einem langen Arbeitstag mit vielen Meetings bei Pizza Diavolo und Kerzenschein über den Tag philosophieren
37.	Eine/ mehrere/ alle Folgen von Bibi Blocksberg hören *hexhex
38.	Shoppen für Marie, damit das Einkaufserlebnis von Erfolg gekrönt wird; in Maries Farben, interessante - taschenlose Jeans, Röcke, Kleider, Schuhe *hmmhmm
39.	Fanta-Einladung annehmen
40.	Ein gemeinsames Foto vom kl. schmunzelHASEN und dem kl. blauen Elefanten, für den Fall, dass mal wieder alles so unwirklich scheint
41.	Einen gemeinsamen Mittagsschlaf machen - Rüsselarm um den kl. schmunzelHASEN gelegt – ganz nah an Maries IST-Zustand sein
41b.	Passt irgendwie dazu – Maries interessante taschenlose Hose berühren

42.	*Für 29 Euro mit einer Billig-Airline fliegen*
43.	*Gemeinsam einen Döner mit süßer Soße essen*
44.	*Tom und Maries Geschichte aufschreiben und UNSERE Geschichte/ Träume/ Gedanken somit zu etwas machen, was (zusätzlich) bleibt*
45.	*Einen Skisprung-Weltcup anschauen*
46.	*Maries Bauch berühren (bzw. etwas mehr seitlich oder knapp darüber oder darunter) – irgendwo da sollte es einen weiteren Berührungspunkt geben. Ich vermute ihn dort. Und ich finde diesen Punkt nicht unverschämt. Ist schließlich MEIN Teil der Liste. ;-) Alles kann, aber nix muss. Wer nicht wagt, der nicht ... Maries Bauch berührt.*
47.	*Herausfinden, ob der kl. schmunzelHASE mit einem Schmunzeln aufwacht*
48.	*(Vor dem Besuch des Late Night Clubs) ein Schloss am Zaun vom Eisernen Steg anbringen*
49.	*Auf dem Rücken liegen und Wolkenformationen raten (macht man viel zu selten)*
50.	*Maries Lächeln noch mal nahe sein*
51.	*Einen Auftritt von Marco Kloss besuchen :-))*
52.	*Gemeinsam Aufzug fahren und Maries Träume verwirklichen*
53.	*Träumen*
54.	*Zusammen schmollen und sich wieder versöhnen*
54a.	*Probleme gemeinsam durchstehen und gegenseitig füreinander da sein*
.	
.	
100.	*Kneifen?<<*

Aus ihrer und meiner Liste wurde UNSERE Liste. Im Laufe der Zeit haben wir sie noch sehr oft erweitert. Unsere Träume und Wünsche sind überall. Was wir zusammen erleben durften, möchte ich wiederholen, und ohne das, was wir nicht geschafft haben, möchte ich eigentlich nicht sterben.

Die Liste hat ein paar Tage geholfen, um mal wieder davon abzulenken, was ohnehin beide wussten, aber unausgesprochen im Raum stand. Es war am Freitagvormittag, als ich Marie unverhofft im Firmengebäude auf dem Flur begegnete. Wir sahen uns bereits von Weitem, und mit jedem Schritt, den wir uns einander näherten, wurde ich nervöser. Als wir auf gleicher Höhe waren, konnte ich ihr endlich wieder in die Augen schauen, und das alleine hätte ausgereicht, um mir einen weiteren glücklichen Moment zu schenken. Aber nein, Marie war immer mehr, und sie sagte leise mit weicher und warmer Stimme genau einen Satz:

>>*Ich vermisse dich.*<<

Ihre Stimme klang traurig. Ich hatte sofort denselben Beschützerinstinkt in mir, wie zur Pause des Theaterstücks, als Marie angefangen hatte zu weinen.

Ich konnte die Antwort auf ihren Satz gar nicht so schnell aussprechen, wie es die Situation im bloßen Vorbeigehen erfordert hätte. Sie war schon weg, und mein

>>*Ich vermisse dich auch.*<<

musste ich leider ein paar Minuten später per E-Mail nachreichen. Ja, ich vermisste sie auch. Die Traurigkeit in ihrer Stimme führte mich wieder zu der Frage, ob ich ihr überhaupt gut tue.

>>*DU tust mir gut. ICH weiß es!*<<

Sie ließ nie Zweifel an uns zu. Und deshalb bin ich geblieben, bis zum letzten Tag.

AW: DIE LISTE

Liebe Marie,

wie du vielleicht bemerkt hast, ist UNSERE Verrücktheit „nicht so ganz" verflogen seit unserem Tag, und ich muss zugeben: Ich würde es mir nie verzeihen, wenn ich diese Verrücktheit ... nein dich ... einfach so wieder gehen lassen würde. Sollen wir es wirklich einmal mit den scheinbar kleineren Punkten der Liste probieren?

Vielleicht stellst du (oder auch ich) nach 1-2 Punkten schon fest, dass die weiteren doch nicht so toll wären mit dem jeweils anderen.

Vielleicht wird nach jedem Punkt das Bedürfnis nach weiteren aber auch immer größer.

Ich kann nur für mich sprechen: Die Verrücktheit ... nein, das warme Gefühl, das du in mir hinterlässt ... ich kann es einfach nicht, nicht jeden Punkt dieser Liste zu wollen. Außer eben dem 100. Ich kann es nicht für uns entscheiden, nur für mich. Die beiden "Vielleicht" im Absatz oben sind mir bewusst. Ich bin genau wie du ein Kopfmensch. Wir machen uns Gedanken, und es gibt auch nicht nur diesen verrückten kl. blauen Elefanten. Auch den, der sich Gedanken macht. Nachdenklich. Unentschlossen.

Mein kl. schmunzelHASE, du lässt mich verrückt (mutig) genug sein, mich an die Liste, wenn auch sehr langsam und vorsichtig, heranzutrauen.

7., 15., 19., 21., 27., 28., 29., 30. (alles in Kombination mit 31.!).
Es wäre verrückt, aber nicht zu verrückt? Verrückt oder nicht, es
wäre eine Menge 31. :-) Oh, endlich ... ein Smiley. :-) Wie es
dann weitergeht, das wissen wir nicht.

Was möchtest du? Soll ich dich einfach kneifen?

Ich gehe jetzt aufs Sofa, lese etwas und werde dich vermissen.
Manchmal ist es nicht schön, dich zu vermissen. Aber jetzt ist es
so. Ich vermisse dich, und das fühlt sich gerade aahhhh,
puuuuuhhh, verrückt, warm ... sehr warm an (um es mit deinen
Worten zu sagen). :-)

Schlaf gut später, kleine Marie!<<

Sie hat leider mit Nein geantwortet. Das war sie also, die
VERRÜCKTE Geschichte von Tom und Marie. Danke fürs
Lesen, und macht´s gut! Passt auf euch auf. Arrivederci. Ciao
bella!

P. S.: Marie bekommt vom Kneifen blaue Flecken. Und das
wollte sie natürlich nicht.

>>Mo 12.04. 18:59 Uhr
AW:: DIE LISTE

Dafür, dass du verrückt bist, sahst du heute aber noch recht
lebendig (und gut) aus :-) Okay, deine "verrückt, aber nicht zu
verrückt"-Wahl fällt also auf: 7., 15., 19., 21., 27., 28., 29., 30.
+ 31. Dann mach mal wirklich ernst und schlag einen Termin
vor...so wie damals :-) Bei 19. bin ich allerdings mal gespannt,
wie du das hinbekommst, ohne das 7. ins „Wasser" fällt? 15.
könnte dann ja „zur Not" auf einer (Autorück-)Bank

stattfinden. ;-)

Aber nein, bei dem Tempo sind wir viel zu schnell fertig! Ich möchte mit 7. anfangen, dort wo wir vor fast zwei Wochen aufgehört haben.

P. S.: Vom Kneifen bekomme ich blaue Flecken!<<

Okay. Jetzt ist es eure Aufgabe, diesen Absatz noch mal zu lesen und dabei die Nummern der Punkte auf der Liste nachzuschlagen. Ich kann euch das nur empfehlen. Also ich find´s lustig, und hey, ihr habt schließlich sogar Geld für das Buch gezahlt. Da solltet ihr schon wissen, worüber hier geredet wird. ;-)

Sicher merkt ihr, dass die Geschichte von Tom und Marie nach einer kleinen Verschnaufpause wieder an Fahrt aufgenommen hat. Sie sind einfach nicht aufzuhalten. Die beiden haben nun ein Treffen in Aussicht, auch wenn es bis zum ersten Punkt, dem Mürbchen-Frühstück, noch genau eine Woche dauern sollte. Aber es war beschlossen, sich nicht mehr gegen die Anziehungskraft zu wehren, und dadurch wurden sie bzw. wir ruhiger. Am Freitag vor dem Wochenende schwebte Marie regelrecht auf Wolke sieben. Ich weiß nicht, ich glaube, es gab irgendwas in Ihrer Firma zu feiern, und sie hatte ein oder zwei Bier getrunken ... Ach lest selbst und stellt euch vor, wie ich geschmunzelt habe, als die E-Mail aus heiterem Himmel bei mir ankam:

>>Fr. 16.04. 17:59 Uhr
AW:: DIE LISTE - Mr. Tom´s Part

VIELLEICHT nicht der richtige Zeitpunkt ... Ich habe getrunken ... aber ich würde jetzt gerne deine Stimme hören!? Hast du Zeit zum Telefonieren? Wenn ja, Durchwahl -42.<<

>>Fr. 16.04. 18:01 Uhr
AW::: DIE LISTE - Mr. Tom´s Part

Du bist nicht nur VIELLEICHT verrückt! Hey, ich habe noch nicht getrunken. Ich trau mich nicht! Durchwahl -121<<

>>Fr. 16.04. 18:02 Uhr
AW:::: DIE LISTE – Mr. Tom´s Part

Okay du Feigling ...<<

Man kann sich noch so viel schreiben und mit AugenBLICKEN sagen, aber es geht doch nichts darüber, die Stimme von jemandem zu hören, den man vermisst. Ihre Stimme ist so weich, ruhig und vertraut. Sie hat mir damals erzählt, dass sie schon öfter das Bedürfnis hatte, meine Stimme wieder zu hören. Ich musste nach dem Telefonat weg, habe mich mit Freunden in der Stadt getroffen. Als ich nachts noch mal in mein Postfach schaute, war da eine E-Mail von ihr, und sie verabschiedete sich mit

>>P. S.: Ich bin bei dir, mein kl. blauer Elefant!<<

Marie fing an, mir Zugang zu ihren „geheimen" Gedanken sowie Wünschen zu gewähren und ihren Gefühlen freien Lauf zu lassen. Sie öffnete sich wie eine (Sonnen-)Blume, und was zum

Vorschein kam, war einfach nur wunderschön anzuschauen.

Endlich Montag! Der erste Punkt der Liste: Frühstück um sieben Uhr mit Mürbchen und Kakao am Main. Wir waren an der Stelle verabredet, wo wir uns nach dem Tag in Berlin im Auto verabschiedet hatten, und ich konnte den Platz schon von Weitem sehen. Je näher ich ihm kam, desto schöner wurde dieser Ort. Von dort aus hat man Blick auf den Main und die große Brücke, die über einen Flussabzweiger führt. Man muss sie erst überqueren, um ans Ufer zu gelangen. Die Sonne war schon aufgegangen, aber sie versteckte sich noch hinter der Brücke. Es war kalt, aber lange nicht so kalt wie an dem Morgen nach Berlin. Alles wirkte jetzt so hell und so friedlich!

Marie war schon da. Als ich aus dem Auto stieg, kam sie langsam auf mich zu und blieb mit einer Mischung aus einem fragenden („Nimmst du mich in den Arm?") und einem auffordernden („Nimm mich in den Arm!") Blick vor mir stehen. Ich nahm sie in den Arm, und sie ließ sich sofort fallen. Ich flüsterte: >>*Hey, da bist du ja wieder!*<< und sie erwiderte: >>*Lass mich nicht los!*<<

Nach der ersten Befriedigung unserer Sinne beschlossen wir, über die Brücke zu gehen, um etwas am Ufer entlangzuspazieren. Am höchsten Punkt machten wir kurz Pause, schauten uns um und verschafften uns genau wie in Berlin eine erste Orientierung. Wo sind wir eigentlich?

Wir gingen weiter, und dann war auch die Sonne zu sehen. Sie begleitete uns auf dem Weg den Fluss entlang. Niemand sonst war dort, nur wir drei. Wir kamen an eine abgelegene Stelle mit Sandstrand und einigen Bäumen. Ein Baum war recht speziell – oder sagen wir lieber: Er war besonders. Ein Ast wuchs nicht in

Richtung Himmel, sondern eher waagerecht. Auf ihm konnte man aber prima sitzen und auf das Wasser schauen. Aber als ich mich hinsetzte, konnte ich kein Wasser sehen, stattdessen etwas sehr Weiches und sehr Süßes. Vor mir stand ein Hase, ein ziemlich großer sogar! Es war ein schmunzelHASE. Ich kann es manchmal selber kaum glauben, dass sie ausgerechnet mir ihr Schmunzeln schenkte. Wir schauten uns minutenlang tief in die Augen, unsere Hände berührten sich, und meine Nase fuhr in einigen Millimetern Abstand über ihr Gesicht und zeichnete die Konturen nach. Ich atmete sie ein und spürte ihre Augenbrauen mit meinem Mund, ihre Ohren, den Hals. Ihr Kopf neigte sich zur Seite, und sie ließ mich gewähren. Sie ist unglaublich weich, und ihre Haut riecht nach Zuhause. Ihre Lippen sind warm. Sie schmeckt so gut! Ich liebe es, wenn sie ihren Kopf zur Seite neigt und ihre Wange in meiner Hand liegt. Ich habe sie sehr oft mit all meinen Marie-Sinnen erleben dürfen. Ich kann mit geschlossenen Augen eine Reise über jeden Millimeter ihres Körpers machen. Denn ich weiß, wie sie aussieht, wie sie sich anfühlt, wie sie atmet und wie sie riecht. All das ist ganz tief in mir. Sie hat es genau wie ihre Worte in meinem Herzen deponiert – für schlechte Zeiten, wenn wir mal wieder nicht zusammen sein können. Es ist so unendlich viel davon in mir! Es funktioniert, aber wo bist du denn jetzt nur? Was soll ich damit tun? Wo ist da jetzt noch der Sinn?

Meine Hand glitt unter ihre Jacke, den Pulli, und als ich ihren Rücken berührte, zuckte sie zusammen und stöhnte kurz auf. Ich streichelte ihre Haut, und sie schüttelte sich, bekam eine Gänsehaut am ganzen Körper. Sie atmete unregelmäßig im Einklang mit meinen Berührungen.

Es war unser erstes Mürbchen-Frühstück. Es folgten noch viele, viele weitere. Diese Stelle am Main wurde wie ein kleines

Zuhause für uns.

Es war passiert. Wir hatten unseren Bedürfnissen endgültig nachgegeben.

>>Mo. 19.04. 12:12 Uhr
Pssst ...

Mr. Tom ... Ich musste gerade schmunzeln, denn ich habe beim Telefonieren (mit Füßen auf dem Computer) entdeckt, dass ich Sand im Hosenbein (also im umgekrempelten Teil) habe. Hmmhmm, war also doch kein Traum heute Morgen ... bin wirklich sooooo früh aufgestanden. ;-) Unsere Zeit stand still, aber die richtige leider nicht!

Ach, ich vermisse dich jetzt schon wieder!

P. S.: Also mir reichen diese vielen, vielen, vielen schönen Erinnerungen und Eindrücke noch nicht.<<

>>Mo. 19.04. 21:48 Uhr
Gleis 2 an einem Tag – 2. Tag

Das war er, unser Beginn der Liste mit Montag 7 Uhr und Mürbchen. Viel du. Ein wenig ich. WIR. Schon wieder vorbei. Lange darauf gefreut. Lange erwartet, und dann rast die Zeit. Mein kl. schmunzelHASE, ich sitze seit mindestens 15 Minuten an diesen Sätzen, weil ich immer wieder im Gedanken die 1 ½ Stunden durchgehe. Alle Details. Alle Worte. Alle Berührungen. Alle Blicke.

Ich weiß nicht wie, und wann, ich weiß nur, dass ich auch noch nicht genug von dir habe.

Boah, weißt du eigentlich, dass du diesen wundervollen Satz von dir durch dein „noch" ganz schön versaut hast? Boah!

Hmmhmm, ich gehe ins Bett und denke an heute Morgen. An dich. Und dann wünsche ich mir ganz fest, dass noch viele weitere Punkte hinzukommen. Ich hole tief Luft, atme durch die Nase ein und stelle mir vor, dass sich unsere Gesichter berühren. Ich streichel dir eine Strähne hinters Ohr, und deine weiche Wange fällt in meine Hand, wo sie bleiben kann. Beim Ausatmen spürst du es auf deiner Stirn, und meine Lippen berühren deine Augenbrauen. Dann schlafen wir beide ein ... nach dem schönen und warmen Tag ... und träumen hoffentlich von einer Fortsetzung.

Dein kl. blauer Elefant

P. S.: Schlaf gut ... HICKS<<

Da verabschieden sich die beiden am Morgen nach Berlin mit den Worten, dass es zwar wunderschön war, aber nicht mehr sein kann und darf, und drei Wochen später haben sie losgelassen und befinden sich im freien Fall, nur bepackt mit einer Liste und Mürbchen und Kakao als Proviant. Ein Fallschirm? Dazu gibt es einen kurzen Wortwechsel der beiden, der es nicht deutlicher zeigen könnte, was jetzt für eine Zeit angebrochen war.

Tom: >>Hab ich dir heute schon gesagt, dass ich aufgehört habe zu versuchen, nicht so viel an dich zu denken?<<

Marie: >>Hab ich dir heute schon gesagt, dass ich noch nie versucht habe, es nicht zu tun?<<

Der Monat verflog nur so. Marie hatte abends noch einen Ausschnitt aus einem Kinofilm im Fernsehen gesehen. Es war „vincent will meer" und als Titelmusik des Trailers lief ein Lied, das zu der Zeit häufig im Radio gespielt wurde und uns an unsere Verrücktheit erinnerte.

Das war unser Film, wir wollten doch auch (ans) Meer! Marie stellte mir noch am selben Abend die Frage, ob wir in der kommenden Woche zusammen ins Kino gehen, um den Film anzuschauen. Was für eine Frage! Kopfschüttel. Und sie beendete den Abend mit >>*marie will auch meer. Gute Nacht.*<<

Es gab jetzt keinen Tag mehr, an dem wir ohne eine neue Aussicht auf „Meer" ausgekommen sind. Alles musste auf die Liste, und wir hatten immer etwas, worauf wir uns freuen konnten, bis wir uns endlich wiedersehen durften.

Dann war auch schon der letzte Tag im April und der letzte vor Toms Geburtstag.

Kommt ihr überhaupt noch mit? Ich hoffe, ihr seid angeschnallt. Schmunzel.

>>*Fr 30.04. 17:47 Uhr*
Physik :-)

Hallo Marie,

ich gehe gerade die Woche noch einmal im Kopf durch. Ich habe unsere Bahnen beobachtet. Weißt du, warum ich es Bahnen nenne? Dazu muss ich etwas weiter ausholen:

Ich sitze in der Bahn und spüre, dass ich gerade mal wieder gerne in deiner Nähe wäre. Je weiter ich mich entferne, desto mehr wünsche ich es mir. Es ist wie bei einem Magneten: Du ziehst mich einfach an. Magneten können noch so weit voneinander entfernt sein, dennoch ändert sich nichts daran, dass sie sich gegenseitig anziehen. Magnetismus? Hat, glaube ich, etwas mit den Polen zu tun. Und die sind auch ganz schön weit voneinander entfernt. Wie dem auch sei: Egal, was ich mache oder wir tun, es fühlt sich immer an wie ein Magnetfeld. Und so bewegen wir uns auch. Das ist lustig, weil sich unsere beiden Pole diese Woche zweimal sogar berührt haben – wie auf Umlaufbahnen. Die sind ja quasi ellipsenförmig. Es gab Zeiten diese Woche, da waren wir ganz außen, und dann gab es sogar zweimal Berührungen auf unserer Umlaufbahn – wie beim Magnetismus. Auch wenn wir mal wieder auf der äußeren Bahn sind, hoffe ich trotzdem immer, dass es erneut bis zur Berührung am innersten Punkt kommt. Wäre bestimmt lustig, wenn man versuchen würde, uns so darzustellen.

Alles scheint wie vorherbestimmt. Du ziehst mich an. Vielleicht ziehen wir uns sogar an. Mein kl. schmunzelHASEN-Planet entfernt sich zwar gerade von mir, aber das hat keinen Einfluss auf die Anziehungskraft, die er auf mich ausübt.

Du fehlst mir! Ich denk an dich.

Tom<<

>>Fr 30.04. 18:32 Uhr
AW: Physik, da hatte ich eine Eins ;-)

Du bist einfach wunderbar: wie du schreibst, wie du mir UNSERE Welt erklärst, einfach so, wie du bist! Du fehlst mir auch! Besonders schlimm ist es immer, kurz nachdem sich unsere beiden Pole berührt haben. So schön dieser Moment ist und so wenig ich ihn missen möchte, aber danach ist die Sehnsucht immer besonders groß. Ich freu mich ganz doll auf Dienstagabend.

Du hast morgen Geburtstag, und ich denke heute Nacht um Punkt 0:00 Uhr an dich. Ein Date, wenn du Zeit hast und noch wach bist, ansonsten schleiche ich mich einfach in deine Träume. Ich bin mit meinen Gedanken und Glückwünschen dann ganz nah bei dir, als ob ich in deinen Armen wäre. Ich vergesse die Leute um mich herum (Tanz in den Mai) und bin nur für dich da. Ich küsse dich ... ein Geburtstagskuss.

DEIN schmunzelHASE<<

KAPITEL FÜNF

Nun war es also schon Mai. Nach einer alten Überlieferung kann man sich ab Mitte Mai, wenn die Eisheiligen vorbei sind, der zunehmenden Wärme sicher sein. Zunehmende Wärme: Passender kann man es wohl nicht beschreiben, was da gerade passierte.

Aber wir hatten bei all der Geschwindigkeit eine „Kleinigkeit" vergessen oder in unseren Köpfen verdrängt: Es stand mal wieder Urlaub an. Für Marie ging es mit einer Freundin für eine Woche in die Sonne, und bei einem Mürbchen-Frühstück am Main habe ich ihr vorher noch einen kleinen blauen Stoffelefanten geschenkt. Sie hat ihn sofort in ihr Herz geschlossen und die Botschaft verstanden: „Nimm mich mit!"

>>Mi 05.05. 18:43 Uhr
Das geht raus an meinen kl. Spinner

Ich packe heute Abend meinen Koffer und nehme mit: den kleinen blauen Elefanten, die Gewissheit, dass der andere kl. blaue Elefant sich freut, wenn der kl. schmunzelHASE endlich wieder da ist, die Kuschelsocken (damit ich keine kalten Füße bekomme), die Liste (zum Träumen), die Vorfreude auf das Tennisturnier am 19. Mai, besondere Lieder (mit Gänsehauteffekt), Erinnerungen (an Berlin, Mürbchenfrühstück und Kino) und meinen neuen Bikini. ;-)<<

>>Di 11.05. 22:43 Uhr
Keine Fußspuren im Sand ...

... auch nicht meine (gleichgroßen) Fußabdrücke, weil Kiesstrand. ;-(

Ich sitze gerade vor dem Hotelcomputer; und weißt du, was

komisch (mir fällt kein anderes Wort für „schön und traurig zugleich" ein) ist? Sehr komisch sogar: unsere Lieder, unseren Soundtrack zu hören und dabei aufs Meer zu schauen. Ja, das Meer. Ich schaue aufs Meer, ich schwimme im Meer, ich schmecke es (wenn auch unfreiwillig), ich spüre das Salz auf meiner Haut, wenn die Sonne mich trocknet, aber ich rieche das Meer nicht. Ein Teil fehlt: DU. Du fehlst mir hier. Und trotzdem bist du mir nah, auch wenn du nicht bei mir bist ... sehr nah ... Verrückt? Ich spüre dich sogar ... deine Hand auf meiner Wange, deine Hand auf ... hmmhmm ... ich spüre dich, spürst du mich auch (noch)? Kein Traum und (noch) kein Ouzo, aber viel Sonne ... sehr warm hier!

HICKS von deiner Marie

P. S.: Die Sonnenschirme, Liegen und Strandhandtücher, alles hat hier die Farbe vom kl. blauen Elefanten.<<

>>Mi 12.05. 07:43 Uhr
AW: Keine Fußspuren im Sand ...

Pssst ... unter anderen Umständen, ich glaube, nein ich weiß es, ich hätte mich gestern in den Flieger gesetzt, um die vier Tage Last-Minute-Urlaub in Anspruch zu nehmen. Habe im Internet geschaut, wo du gerade bist, wie das Wetter dort wird, welche Sehenswürdigkeiten es auf der Insel gibt usw. Da wurden mir Werbeanzeigen von Last-Minute-Angeboten eingeblendet, die direkt zu dir führen. Hätte mich am Strand/ Pool immer in Sichtweite gelegt und den ganzen Tag damit verbracht zu beobachten, wie die Sonne deine salzige Haut trocknet, dabei denselben Soundtrack gehört, aufs selbe Meer geschaut, wäre im selben Meer geschwommen, hätte es (dann vermutlich sogar freiwillig) geschmeckt ... und zusammen hätten wir dasselbe

Meer gerochen! Einfach zu fliegen ... Ich hätte genauso wenig darüber nachgedacht, wie etwas auf deinem Schreibtisch zu verstecken.

HICKS, ja!<<

>>Fr 14.05. 21:59 Uhr
AW:: Keine Fußspuren im Sand

Hey,

das war ein komischer Tag: die ganze Woche über keines unserer Lieder im Radio und auch sonst nichts. Wie ausgestorben – außer der groß angelegten Bikini-Werbekampagne einer Bekleidungskette an so ziemlich jeder Werbetafel in der Stadt. Das Smartphone meldete schlechtes Wetter und Regen für das Tennisturnier.

Und heute saß ich in der Bahn und bekomme mit, wie zwei Jugendliche sich übers Wochenende unterhalten und planen, in den Kinofilm „vincent will meer" zu gehen. 15 Minuten später höre ich Radio und es wird unsere Musik gespielt. Danach stehe ich im Kaufhaus, wo mir ein Kinderbuch mit einem blauen Elefanten-Cover ins Auge fällt. Obendrein schalte ich noch mein Smartphone ein, und es meldet 20 Grad und Sonnenschein fürs Turnier. Mein kl. schmunzelHASE ... er kommt wieder! Die ganze Woche hat auch hier einfach etwas gefehlt.

Dein Urlaub war untypisch für uns. Weißt du, warum? In unserer kl. Welt, da gibt es keine Urlaube ohne dich. Es ist zwar nur ein kl. blauer Elefant, aber hier freut sich jemand auf deine Rückkehr; dass du wieder da bist und dass es dich gibt. Du fehlst mir.<<

>>So 16.05. 08:28 Uhr
Hallo!!!

Guten Morgen!

Ich bin wieder gut in deiner Nähe angekommen! Gestern Nacht bis gestern Mittag gab es noch ein schweres Unwetter auf der Insel, sodass ich befürchtet hatte, dass wir wohl nicht fliegen können bzw. erst viel später. Aber war dann doch alles zum Glück kein Problem.

Es wäre gerade so schön, wenn du mich mal in den Arm nehmen könntest und mich ganz fest drückst. Hab dich sehr vermisst!

Ich wünsche dir einen schönen Sonntag!

Noch 3 Tage! Dann ist endlich der 19. Mai – ein ganzer Tag mit dir beim Tennisturnier!

P. S.: Ich hatte im Urlaub 2x Schluckauf.<<

Leider kann ich euch nicht jeden einzelnen Moment dieser Geschichte beschreiben. Wie sagt man? Es würde den Rahmen sprengen. Und ich selber lese keine dicken Bücher. Aber an den E-Mails kann man gut erkennen, was sich jeweils in der Zwischenzeit bei den beiden verändert hat, was sie mal wieder für neue verrückte Ideen im Kopf haben und vor allem, was sie gerade fühlen und was sie beschäftigt. Mir tut es gut, sie zu lesen. Mein Kopf hat dann Pause, weil er einmal nicht befürchtet, diese unzähligen Worte zu vergessen. Das ganze Buch hilft mir dabei, in mein altes Leben zurückzufinden. Es ist schwer, weil das Herz nicht möchte. Und so habe ich wohl diese Vereinbarung mit ihm getroffen. Es darf euch erzählen, es darf lachen, weinen und auch träumen. Ich versuche nicht mehr, es zu unterdrücken oder gar dagegen anzukämpfen. Vielmehr schaffe ich durch das Buch einen definierten Zeitpunkt und Ort dafür. Das funktioniert wohl nicht von jetzt auf gleich. Vor allem weiß ich noch nicht, was ich mit der frei werdenden Zeit anfangen soll, an welchen Ort ich nun gehöre, aber es ist vernünftig, sagt der Verstand. Seine Stimme ist mir so fremd geworden.

Vergessen wir diesen Dummschwätzer! Jetzt ist meine Zeit, und jetzt rede ich ... das Herz.

Am Vorabend des Turniers betonte sie noch mal, dass wir einen ganzen Tag zusammen haben werden. Dabei alberten wir noch über die Definition davon. Sie meinte: >>*Von 8:00 bis 18:00 Uhr? Von 9:00 bis 19:00 Uhr? Von 10:00 bis 20:00 Uhr?*<< Ich habe mich damals sehr schnell für 10:00 bis 20:00 Uhr entschieden. Aber ich muss Jahre später feststellen, dass theoretisch auch 8:00 bis 20:00 Uhr möglich gewesen wäre, und ich mit meiner schnellen Antwort ganze zwei Stunden mit Marie verschenkt habe. 7.200 Sekunden. Da braucht man den Verstand einmal, und dann ist er nicht da. Kopfschüttel.

Zum Schluss stellte sie natürlich noch die Frage aller Fragen. >>*Was ziehe ich denn nur an? Gibt es eigentlich einen Dresscode bei einer solchen Sportveranstaltung?*<<

>>*Hübsch verpackt, aber fühl´ dich wohl. :-)*<<

Es wurde ein traumhafter Tag mit strahlendem Sonnenschein über und neben mir. Es ging nur alles wieder viel zu schnell, wie im Zeitraffer. Dabei hat mit der gemeinsamen Fahrt zum Turnier alles so zeitlos angefangen! Als wir mein Auto auf der großen, zum Parkplatz umfunktionierten Wiese abstellen, haben wir sogar noch etwas Zeit, bevor wir zur Anlage gehen und ich zeige Marie die in der Nähe gelegene Pferderennbahn. Es ist ein Werktag und heute ist niemand außer uns dort. Es ist wie im Märchen: Ich stehe mit der hübschen Prinzessin auf der Lichtung, und wir blicken in eine perfekte Natur, wo Meister Lampe und Reineke Fuchs sich gute Nacht sagen. Wir verweilen dort einige Zeit, bevor wir uns auf den Weg zur Tennisanlage machen, der uns durch den Wald führt. Die Sonne glitzert durch das Dickicht der Bäume, und es ist angenehm kühl. An einer Hauptgabelung begegnen wir dann kurz der Menschenmasse, die ebenfalls in Richtung Stadion unterwegs ist. Da ich schon öfters dort war und merke, dass es abseits des Tumults ruhiger und entspannter war, gehe ich mit Marie einen kleinen Umweg, aber dafür sind wir wieder alleine. Durch einen Zaun können wir einen Blick auf den Trainingsplatz werfen, wo sich gerade die Profis warm spielen. Marie ist neugierig und möchte sich etwas abschauen. Dabei fällt ihr irgendwann ein Tennisball direkt vor die Füße. Da wir quasi noch im Gebüsch stehen und uns niemand sehen kann, steckt Marie den Ball als Andenken ein. Das ist der Ball von einem Weltklassespieler! Kopfschüttel.

Als wir die Anlage betreten und uns unter die Leute mischen, duftet alles nach sehr leckerem, süßem und herzhaftem Essen. Die Mischung aus „normalem" Publikum und der Kenntnis, dass auch Prominente, sowie das Fernsehen anwesend sind, verleihen der Veranstaltung einen eigenen und besonderen Charme. Apropos Charme: Die „Dame" auf dem Sitzplatz neben Marie hatte auch ihren ganz eigenen Charme. :-) Sie trug eine alte Jogginghose, Schlabber-Shirt und hatte sichtlich Spaß mit sich selber. Ich musste lachen, weil sie andauernd das Gespräch mit Marie suchte, über den Sport fachsimpelte und erzählte, wie toll das hier doch alles wäre. Die war so unangenehm! Marie hingegen war so süß, weil sie so gewohnt freundlich und höflich blieb. Das hätte ich selber nicht so lange hinbekommen. In einer „ruhigen" Minute flüsterte ich Marie schmunzelnd ins Ohr:

>>*Hast du vielleicht ne neue Freundin?*<<

Diese Frage war seitdem immer ein Insider zwischen uns. Herrlich! Aber genau das sind doch auch Erlebnisse, die sich einprägen und Momente unvergesslich machen. Wir hatten so viel Spaß und haben herumgealbert. Ich werde diesen Tag nie vergessen.

Plötzlich war es dunkel und sie nicht mehr da. In meiner Hand hielt ich nur noch ein Herz aus Stein. Sie hatte es im Urlaub am Strand gefunden und mir an diesem Abend zum Abschied mit den Worten geschenkt:

>>*Ich habe es nicht gesucht, aber zwischen all den anderen Steinen gefunden und gesehen, dass dieser eine besonders ist. Mein Herz ist bei dir.*<<

Erinnert ihr euch noch, wie das mit dem Tennisturnier zustande kam und welche Bedenken ich hatte?

>>*Dann schaute ich auf das Datum der Veranstaltung und es lag drei Monate in der Zukunft. Haben wir dann überhaupt noch Kontakt und uns bis dahin schon einmal richtig unterhalten? Und wenn ja, mag sie mich überhaupt genug, um dort mit mir hinzugehen? Das sind Fragen, die wohl ganz normal sind und einen überlegen und zögern lassen.*<<

>>Do 20.05. 08:45 Uhr
Ohne Worte

Guten Morgen, kl. schmunzelHASE,

wie beschreibe ich die letzten 11 Stunden, seitdem wir uns wieder trennen mussten? Ganz einfach: Meine Hände und Finger ... Es ist, als würden sie ständig etwas suchen. Gestern hatten sie irgendwie eine Aufgabe und haben tolle Dinge (Gefühle) übertragen. Brauche wohl nicht zu erwähnen, wie sehr du mir fehlst! Egal, wie die Aussichten momentan auch sind, alles an und in mir wünscht sich einfach nur deine Nähe. Letztendlich ist es die Kraft, die von den Magneten ausgeht, womit wir das Schicksal auch in Zukunft auf unserer Seite haben werden. Ich glaube daran, weil ich es mir wünsche. Wir haben doch noch so viele Träume.

Es war ein perfekter Tag gestern! Du bist so wunderbar. Einfach so wunderbar.

Wünsche dir einen schönen Tag. Ich bin bei dir – gestern, heute, morgen und jeden Tag noch ein bisschen mehr.<<

>>Do 20.05. 15:36 Uhr
AW: Ohne Worte

Es ist soooooooooo schön, dass es dich gibt! Einfach unbeschreiblich, wie sehr ich die Zeit mit dir genieße!

P. S.: Schönes blaues (Elefanten) T-Shirt heute.<<

>>Do 20.05. 22:27 Uhr
AW:: Ohne Worte

Habe Kopfweh. Bin total verspannt. Muss sowieso Montag zum Arzt. Vielleicht lasse ich mir dann ein paar Massagen verschreiben.

Du, gibt es dich auch auf Rezept? Das wäre schön.<<

>>Do 20.05. 22:35 Uhr
AW::: Ohne Worte

Mich gibt es sogar rezeptfrei :-) aber nicht ohne Risiken und Nebenwirkungen. ;-(

Küsse dein Kopfweh weg.<<

>>Do 20.05. 22:41 Uhr
AW:::: Ohne Worte

Die Nebenwirkung „Vermissen" fühlt sich gerade ziemlich leer und einsam an. Es gibt irgendwie keine Zeit mehr, in der du nicht in meinen Gedanken bist.

Gute-Nacht-KUSS

Dein kl. blauer Elefant<<

>>Do 20.05. 23:01 Uhr
AW::::: Ohne Worte

Hm, ja. Die Nebenwirkung „Vermissen" gehört wohl einfach dazu. Dich zu vermissen, ist ein Gefühl der Sehnsucht, aber auch

*die Hoffnung, dich bald wieder spüren zu können ... zu dürfen.
Wenn die Sehnsucht überwiegt, tut es weh, aber meistens
überwiegt die Hoffnung und Vorfreude auf ein mögliches
nächstes Treffen oder eine neue verrückte Idee, und das lässt
mich schmunzeln.*

*Apropos: Da ist etwas, was dich theoretisch evtl. ein ganz
kleines bisschen aufheitern könnte? Ich hätte im Juli vielleicht
die Gelegenheit, etwas mehr Zeit mit dir zu verbringen: ein
Wochenende. Wenn das bei dir auch irgendwie geht und du
überhaupt magst?*

Gute-Nacht-KUSSchlafgut

*P. S.: Mein Herz klopft schneller, wenn du in meinen Gedanken
bist!<<*

**>>Fr 21.05. 06:59 Uhr
AW:::::: Ohne Worte**

*Ob ich überhaupt mag? Sehr witzig! Ja, sehr gerne, und es ist
auch möglich. Du sollst nur immer ein gutes Gefühl dabei haben
und keine doofen Gedanken. Dafür ist die Zeit zu schade, hast du
mal gesagt.*

*Falls „Juli" zustande kommt, verbringen wir evtl. einen Tag am
Meer?<<*

**>>Fr 21.05. 12:41 Uhr
AW::::::: Ohne Worte**

Hm, nur EINEN Tag?

P. S.: Keine Sorge wegen doofer Gedanken oder unguter Gefühle! Zeit mit dir ... Ich möchte es, jede Minute und sogar jede Sekunde. Und nur das zählt für mich im Moment. Das heißt nicht, dass ich sie nicht auch mal habe, aber wenn man sie in eine Gleichung setzen würde, dann wäre es eine Ungleichung, da der Faktor „Zeit mit dir" auf der anderen Seite viel größer ist!

Ich wünsche mir einfach, dass es klappt. Wir 2 am Meer, ein schöner Gedanke, der mein Herz schon wieder schneller schlagen lässt.<<

>>So 13.06. 15:15 Uhr
Ich packe meinen Koffer für „Juli" und nehme mit:

Ein paar Teelichter
Steinherz
Zutaten für Lasagne
Wein
Sahne
Badezusatz
2 kl. blaue Elefanten
Gut gegen Nordwind + Alle sieben Wellen
Bikini
Die interessante Hose
…
Und ganz viel HICKS

Marie<<

Ja, richtig. Zwei kl. blaue Elefanten, denn Marie hatte mir mittlerweile auch einen kl. Stoffelefanten geschenkt. Die beiden waren und sind sogar Zwillinge.

Außerdem gab es da noch mehr Zuwachs: eine kleine Sonnenblume im Garten. Ich hatte einfach das Bedürfnis sie zu pflanzen, auf sie aufzupassen und sie zu pflegen, bis sie mir ihr Schmunzeln schenkt. Es war mal wieder Zufall, dass ich danach eine kleine Gießkanne mit „Crazy Can Sunflowers" in einem Geschäft entdeckt habe: eine Art Dose in Form einer Gießkanne, die bereits mit Blumenerde gefüllt ist und wo man nur noch die beiden mitgelieferten Sonnenblumensamen einpflanzen muss. Wasser darauf und fertig. Ich konnte einfach nicht an ihnen vorbeigehen, habe sie Marie mitgenommen und ihr geschenkt. Sie hat sie anschließend auf ihren Spinnt im Fitnessstudio gestellt, als zusätzliche Motivation zum Training des IST-Zustandes. Ihr müsst langsam denken, dass ich viel shoppen gehe. Wer geht mit? ;-)

>>Mo 14.06. 18:25 Uhr
AW:

So, die Sonnenblume ist aktiviert. Ich bin sehr gespannt, ob etwas passiert, vor allem weil die „Bedienungsanleitung" sehr viel Interpretationsspielraum zulässt. ;-)

Crazy Can Sunflowers ... hmm, schön verrückt!

Dein crazy schmunzelHASE<<

Crazy ... VERRÜCKT eben. Die Sonnenblume ist Ausdruck für die Kraft, die von der Sonne ausgeht. Sie symbolisiert freudestrahlend den Sommer, erinnert an die Wärme vergangener Tage und spendet Zuversicht in schattigen Zeiten. Seitdem ziehe ich aus den Samen dieser Blumenblüte jedes Jahr Tom und Maries Sonnenblumenkinder. Ich habe ihr versprochen, dass ich das immer tun werde. Sie erinnern mich daran, dass Umstände sich zwar ändern, aber unabhängig davon, an welchem Ort gerade das ist, was einem viel bedeutet, ihm Wind, Sturm und sonstige Widrigkeiten nichts anhaben können, wenn man es beschützt. Trotz Entfernung und Regen: Die Sonne kommt am Ende doch.

>>So 04.07. 22:33 Uhr
AW::

Du? Ich habe gerade echt ein wenig Bedenken, dass wir keine schöne Unterkunft mehr für unseren (Kurz-)Urlaub bekommen. Wir hätten uns am Freitag darum kümmern sollen oder zumindest ein mögliches Ziel auswählen können. Aber es war alles schon wieder so schnell vorbei. Kopfschüttel. Ich freue mich so sehr auf die Zeit mit dir! Nur WIR 2.

Du hast kommende Woche Urlaub, und ich bin so unmotiviert, morgen arbeiten zu gehen. Normalerweise freue ich mich sonntags immer schon auf Montag, weil ich dich dann endlich wiedersehen kann. Ich muss mich wohl mit ganz viel Arbeit ablenken.

Muss Schluss machen für heute. Es gibt mal wieder eine „Warteschlange" hinter dem Rechner. :-(

Vermisse dich ganz doll! Schlaf gut.<<

>>So 04.07. 22:36 Uhr
AW:::

Aaaaaahhhhhhhhhhhhhh ...Das ist wirklich ein blödes Gefühl, diese Nachricht zu bekommen!

----- Ursprüngliche Nachricht -----
Gesendet: 22:33
Betreff: Abwesenheitsbenachrichtigung
Vielen Dank für Ihre E-Mail. Ich bin am 12.07. wieder im Büro.
Ihre E-Mails werden nicht weitergeleitet.<<

>>Mo 05.07. 08:59 Uhr
AW::::

Hey, du mein süßer kl. schmunzelHASE, hab´s nicht ganz geschafft zur gewohnten Zeit heute. Hab lange geschlafen.

Ich habe gestern Abend mal angefangen, nach einer Unterkunft am Meer Ausschau zu halten. Erste Vorschläge, aber echt schwierig. Es ist schon jede Menge ausgebucht. Ich schaue mal weiter. Wenn du Gelegenheit findest, dann schau auch mal nach einer geeigneten Region, und ich suche dort nach Unterkünften. Können auch gerne diese Woche darüber telefonieren, wenn DU dich traust. Aber mache dir keine Sorgen, wir finden etwas. Eine Ferienwohnung bekommen wir zwar vermutlich nicht mehr, aber es bleiben kleine Hotels. Davon gibt es ziemlich viele.

So, ich muss los, kl. süßer schmunzelHASE.

Wünsche dir einen schönen sonnigen Tag.

Ich denk an dich.

HICKS und einen Guten-Morgen-KUSS ... du fehlst mir.<<

>>Mo 05.07. 10:58 Uhr
AW::::::

Obwohl ich weiß, dass du nicht hier bist, halte ich trotzdem Ausschau nach dir und hoffe, dich zu sehen. Wird wohl noch dauern, bis ich mich daran gewöhnt habe. HALT, nein, daran möchte ich mich gar nicht gewöhnen! Ich suche dich einfach weiter, bis du wieder da bist!

Werde heute Abend auch mal nach potenziellen Urlaubszielen schauen. Schönen Tag, bis später!

P.S. Die Idee mit dem Telefonieren hätte von mir sein können. :-)

Guten-Morgen-KUSS<<

>>Mo 05.07. 21:43 Uhr
AW::::::

Pssst...Wie sind denn deine Prioritäten (von 1 bis 5; 1 eher unwichtig und 5 sehr wichtig)?

a) Fahrzeit kurz
b) Ort mit wenig Touristen
c) Badewanne
d) Dusche
e) Möglichst leerer Strand
f) Backofen
g) Appartement / Ferienwhg.
h) Hotel

Tom<<

>>*Mo 05.07. 22:23 Uhr*
AW::::::::

a) *Fahrzeit kurz (3)*
b) *Ort mit wenig Touristen (3)*
c) *Badewanne (4–5)*
d) *Dusche (4–5)*
e) *Möglichst leerer Strand (3)*
f) *Backofen (1)*
g) *Appartment / Ferienwhg. (1)*
h) *Hotel (1)*
i) *Alles egal, Hauptsache WIR sind zusammen (10!)*

Freu mich so sehr!

Marie<<

>>*Di 06.07. 12:15 Uhr*
AW::::::::

Hey Little Blue, ich habe mir gerade die Umgebung und deinen Hotelvorschlag angeschaut. Es ist einfach perfekt!!!.

*Ooohh, wie sehr ich mich freue. Hatte eine kleine Gänsehaut, als ich mir die Fotos angeschaut habe *hmm. Hast du schon angefragt, ob noch Zimmer frei sind? Also, ähm, ein DZ würde ja reichen. :-)*

P. S.: Den Ort hatte ich unter anderem übrigens auch herausgesucht!

HICKS<<

>>Di 06.07. 14:21 Uhr
Reservieren?

Hallo,

*es ist etwas frei (schreibt Mandy). Reservieren? Oder bekommst du doch noch kalte Füße? Ansonsten wird es JETZT ernst *schmunzel<<*

>>Di 06.07. 17:11 Uhr
AW: Reservieren?

Aaaaaaahhhhhhhhhhhhhhhh…jaaaaaaaa, reservieren!!!

Das Hotel ist soooooooo schön! Will die Internetseite gar nicht mehr schließen ... WIR 2 AM MEER ... hmm … NUR DU + ICH.

P. S.: Grüße an Mandy<<

>>Di 06.07. 20:11 Uhr
AW:: Reservieren?

Reservierung habe ich gemacht. Warte nur noch auf die Auftragsbestätigung, aber das sollte jetzt klappen.

Jetzt gibt es ein Bild bzw. viele Bilder vom Urlaub, unserem größten Punkt DER LISTE! Ich traue mich im Moment noch nicht so ganz, die Bilder auf der Seite im Detail anzuschauen. Sie sind einfach perfekt, und ich kenne deine Einstellung zu „wenn es am schönsten ist, sollte man aufhören/ gehen" noch nicht.

Freue mich aufs Meer. Ich liebe das Meer. Und es wäre ein

unglaubliches Geschenk, diese Liebe einmal mit dir teilen zu können. Ja, WIR 2 AM MEER ... NUR DU + ICH. Im Moment noch zu schön, um wahr zu sein. Das Meer ist weit weg, und du bist es (zwangsweise) auch. Aber ihr kommt beide nochmal näher. Ich spüre es. Ich werde euch dann so sehr genießen. Dich ganz besonders. Du bist so erfrischend, so unglaublich verrückt. Ausnahmsweise kein Kopfschütteln an dieser Stelle. Eine kl. Träne. Aber nur eine ganz kleine. Sie lächelt.

Dein kl. blauer Elefant vermisst dich.

Wünsche dir einen schönen Abend. Schlaf gut später! Bis morgen.

HICKS<<

>>Di 06.07. 21:05 Uhr
AW::: Reservieren

Pssst... Woher soll ich denn wissen, „wann es am schönsten ist"? Es gibt doch (ohne! „noch") so viel mit dir zusammen zu entdecken: Dinge, von denen ich (vielleicht auch du?) jetzt noch (!) gar nicht weiß, dass es sie gibt, oder dass sie überhaupt möglich sind. Ganz schön VERRÜCKT.

KUSS x HICKS<<

KAPITEL SECHS

>>Mo 19.07. 05:51 Uhr
AW::::: Juli

Freitag und Samstag tauchen schon in der Wettervorschau auf dem Smartphone auf. Also, wenn die Zeit JETZT nicht rennt! Aaaaahhhhhh!

Bis gleich beim Mürbchen-Frühstück.<<

>>Mo 19.07. 08:59 Uhr
AW:::::: Juli

Ich vergesse einfach den Rest der Welt um uns herum, wenn du bei mir bist!

Danke, mein kl. blauer Elefant!<<

>>Mo 19.07. 09:15 Uhr
AW::::::: Juli

Meine Hände riechen nach dir *seufzschön<<

>>Mo 19.07. 09:31 Uhr
AW:::::::: Juli

Ich rieche dich auch, überall an mir ... hmmhmm.<<

>>Mo 19.07. 10:14 Uhr
AW::::::::: Juli

Überall? Schöne und interessante Vorstellung, aber dann sicher (noch?) nicht von mir!

Wie schön so eine Woche doch anfangen kann, wenn man Arbeit und den Rest der Welt um sich herum vergisst!

Nicht zu glauben, dass wir Freitag um 9:00 Uhr wirklich für 3 (!) Tage zusammen sein werden. Beim Gedanken daran werde ich immer nervöser.<<

>>Mo 19.07. 13:58 Uhr
AW::::::::: Juli

Pssst... Ich habe gerade die Wegbeschreibung aus dem Internet ausgedruckt. Es gibt drei Routen-Alternativen, aber nur ein Ziel: WIR 2 am Meer!

JULI-KUSS

P. S.: So, jetzt habe ich auch das Wetter unseres Urlaubsziels auf dem Smartphone eingestellt. Im Moment Freitag und Samstag 21 Grad. Hm, ich hoffe, das wird noch wärmer *schmunzel<<

>>Mo 19.07. 20:21 Uhr
AW:::::::::::

Also, ich sollte ja mal überlegen, was wir mitnehmen müssen in den Urlaub:

Schoko-Kerzen, unsere gelesenen Bücher, Bikini, deine „interessante" Hose und Teelichter hast du ja schon auf der Liste. Also noch ein Feuerzeug. Hm, fällt dir noch etwas Wichtiges ein? Verrückte Reise mit dieser Liste. Mal ganz anders. :-)

Ach ja! Sonnencreme natürlich noch.

Ich bin echt nervös, aber das wird wohl sicher wieder nachlassen. Zum Glück bist DU wie immer souverän und die Ruhe selbst. ;-)

Dir einen schönen Abend.

Dein Mr. Tom

P. S.: Oh je, hätte ich nur die interessante Hose nicht erwähnt eben *puuuhh.<<

>>Mo 19.07. 22:28 Uhr
AW:::::::::::::

Auf der UrlaubsLISTE fehlen noch: Flaschenöffner/ Korkenzieher, Decke und Badehose (falls du nicht auch im Bikini ins Meer möchtest) ;-)

Noch 4 Tage! Sch**** auf die Vorfreude, ich will LOS! *schmunzel

Gute-Nacht-KUSS<<

>>Di 20.07. 21:45 Uhr
Countdown läuft

Noch 60 Stunden. :-) Bin mir nicht sicher, ob ich einen Korkenzieher organisieren kann. Und Badehose? Ach ja, wegen des Duschens. ;-)

Hm, ich komme im Moment aus dem Kopfschütteln nicht heraus.

Es ist so schön, wenn du mich im Vorbeigehen anschaust und mir dein Lächeln schenkst. Ich träume gerade einfach so vor mich hin. Von dir.<<

>>Di 20.07. 23:15 Uhr
AW: Countdown läuft

Korkenzieher ist kein Problem. Sonnencreme habe ich auch noch vom letzten Urlaub.

GuteNachtHICKSundSüsseTräumeKUSS<<

>>Mi 21.07. 08:11 Uhr
AW:: Countdown läuft

Pssst... noch 2 Tage!<<

>>Mi 21.07. 08:21 Uhr
AW::: Countdown läuft

Pssst... 60, 59, 58, 57, 56, 55, 54, 53, 52, 51, 50, 49, 48 Stunden noch!<<

>>Mi 21.07. 23:01 Uhr
AW:::

Du, weißt du, worauf ich mich auch ganz besonders freue? Auf einen echten Gute-Nacht-KUSS von dir und dann darauf, bei dir im (Rüssel-)Arm, eng an dich gekuschelt und beschützt, einschlafen zu dürfen. Hmmhmm, und das sogar 2x! Nur noch zweimal schlafen, und dann endlich … !

Ich vermisse dich, mein süßer kl. blauer Elefant!<<

Schlaf-gut-KUSS<<

>>Do 22.07. 08:10 Uhr
AW::::

Guten Morgen,

deinen Worten von gestern Abend ist nichts hinzuzufügen.

Genieße die letzten 24 Stunden ohne mich! :-)

Guten-Morgen-KUSS

*P. S.: Puuuuhhh – ist das ein Gefühl im Bauch! *kopfschüttel<<*

>>Do 22.07. 18:11 Uhr
Pssst ...

Packe gerade meine Tasche. Aaaahhhhhhhhh, ich bin so aufgeregt, nervös, hibbelig ... alles so puuuuhh :-)

HICKS!<<

>>Do 22.07. 20:17 Uhr
AW: Pssst ...

So, jetzt packe ich meine Tasche und nehme DICH mit. Sonst wollte ich in deinen Koffer geschmuggelt werden, und jetzt fahren wir zusammen, DU + ICH!<<

>>Do 22.07. 22:14 Uhr
AW:: Pssst ...

Aaaaahhhhhh, keine 12 Stunden mehr. Wehe, du kneifst mich!

Noch einmal schlafen ... Gute-Nacht-KUSS ... hmmhmm morgen richtig. :-)))<<

>>Fr 23.07. 06:51 Uhr
AW::: Pssst ...

Ich habe dich lange und oft genug vermisst! Und deshalb komme ich meinen süßen schmunzelHASEN jetzt gleich holen! Dann ist er endlich bei mir!

Guten-Morgen-KUSS<<

>>Fr 23.07. 08:51 Uhr
AW:::: Pssst ...

Aaaahhhhhh, wo bleibst du?

Mir ist sooooooo warm ... WARM ... warm ... puuuhhhhh!<<

Das trifft sich gut, denn ich sitze hier im Jetzt, am Schreibtisch, und mir ist gerade mal wieder kalt. Es ist ungemütlich draußen, schon dunkel. Vor mir steht immer ein Kerzenglas, wenn ich schreibe. Es ist eingefasst in kleine braune Rundhölzer. Davor liegen ein paar abgebrannte Teelichter und Streichhölzer. Der kl. blaue (Stoff-)Elefant steht daneben. Die treue Seele! Ich zünde eine neue Kerze an, und dann schreibe ich uns ganz schnell in den Urlaub, ja?

Immer wenn Marie und ich zu etwas aufgebrochen sind, dann gab es das geschriebene Kommando „LOS!". Es war der Ausdruck dafür, dass wir uns jetzt gleich endlich wiedersehen. Machen wir das jetzt auch so, wie Marie und ich das immer getan haben?

Ich packe meine Tasche mit den Sachen noch schnell in den Kofferraum, stecke den Schlüssel ins Zündschloss. Dann können wir endlich LOS!

Von der Fahrt zu ihr bekomme ich genauso wenig etwas mit wie von der Fahrt zum Bahnhof am Berlin-Tag. Das Erste, woran ich mich erinnere, ist, dass ich noch an der Tankstelle anhalte. Sie gehört schon zu „ihrer Welt", was mir zwar grundsätzlich sehr befremdlich ist und keineswegs behagt, jedoch hat es an diesem Tag auf einmal etwas Vertrautes und wirkt fast freundlich. Ich gebe schon mal die Adresse von unserem Juli-Ziel ins Navi ein, und dann sind es nur ein paar Kurven, bis ich Marie auf dem Bürgersteig stehen sehe. Sie strahlt mich überglücklich und irgendwie „verliebt" (?!) an. Sie macht den Eindruck, als würde sie während der ganzen Fahrt und vielleicht sogar während der gesamten Reise nicht wieder damit aufhören wollen und können. Es ist schön, sie so glücklich zu machen, dass ich ... man ... jeder ... es ihr ansehen kann. Die Sonne ist wieder da!

Sie verstaut ihre lässige Sporttasche ebenfalls im Kofferraum, steigt ein und schaut mich wortlos an. Ich halte einen Moment inne. Ihre Gesichtszüge verformen sich auf Maximum-Schmunzeln, was in diesem Fall heißen soll: „Hallo, ich bin da! Nun mach schon! Küss mich endlich und fahr LOS!" Nun sind wir also komplett, und es ist wie immer, sobald wir zusammen sind: Die beiden anderen Welten lassen wir ganz schnell hinter uns. Jetzt wird es auch sichtbar, wie es sich sonst anfühlt: Je weiter wir uns davon entfernen, desto kleiner wird alles im Rückspiegel. Desto sicherer und freier fühlen wir uns. Das Neubaugebiet, das wir noch kurz durchfahren müssen, bevor wir auf die Landstraße Richtung Autobahn gelangen, wirkt durch die Rechts-vor-links-Kreuzungen dabei wie ein Labyrinth. Als wir es komplett durchquert haben, sind wir endlich frei.

Marie legt unsere Musik in den CD-Spieler, bietet mir etwas zu trinken an. Sie hält meine Hand, wann immer sich die Gelegenheit bietet. Alles ist endlich gut. Ja. Und als wir die Grenze in Richtung Holland überqueren, ist es nicht nur so, dass wir unsere Welten hinter uns gelassen haben, sondern es ist noch etwas mehr: Es stellt sich das Urlaubsgefühl ein. Jetzt ist es eine fremde Welt für uns beide, und wir werden sie gemeinsam entdecken – mit den zusätzlichen Augen des jeweils anderen.

Wisst ihr, was? Das ist eines der ganz besonderen Dinge, die uns beide verbinden. Es gibt niemanden, mit dem ich so viel sehen kann wie mit diesen zusätzlichen Augen. Alles erscheint so bunt, hell, klar und so lebendig! Ich weiß es nicht. Mir fehlen die Worte. Es ist ja nicht nur das Verliebtsein mit dem Sehen durch die rosarote Brille. Die Welt ist so leer ohne Marie!

Ich bin froh, dass ihr da seid. Ich fühle mich überhaupt nicht einsam, wenn ich euch von dieser Geschichte erzähle. Auch wenn wir uns nicht sehen können, ist es so, als würden wir irgendwo gemütlich auf dem Sofa sitzen, und ich erzähle einfach von früher. Es bedeutet mir sehr viel, das mit euch zu teilen. Es gibt mir Kraft zurück. Ich fühle mich sicher. Einige von euch sehnen sich manchmal vielleicht auch nach demjenigen, der eure Gefühle und Bedürfnisse zwischen den Zeilen spürt. Irgendwo gibt es diesen einen Menschen, der euch versteht. Weil er es möchte, wird er es können. Und weil er es kann, werdet ihr ihn lieben.

Ich bin heute wohl sehr emotional. War nicht mein Tag. Ich vermisse sie irgendwie immer, aber heute hat es sehr wehgetan. Noch ein Grund mehr, dass wir jetzt endlich mit Marie ans Meer fahren. Entschuldigung für die Unterbrechung, ist halt die verrückte Geschichte von Tom und Marie. Es war mir ein Bedürfnis, euch bereits im Titel darauf hinzuweisen.

Entlang der Autobahn wechseln sich Industriegebiete und lange Streckenabschnitte mit stetig gleich wirkender Natur ab. Erst die riesigen Wohn- und Autoparks, dann wieder das flache Land mit den vielen Seen, Flüssen und Deichen. Eine ganze Zeit lang fährt eine Eisenbahn mit zahlreichen Güterwaggons und der exakt selben Geschwindigkeit genau parallel zu unserem Weg.

Die Fahrt dauert ca. drei Stunden und nach gut zwei Dritteln halten wir an einer Raststätte. Sie ist grün, wie alles dort. Marie hat Mürbchen dabei. Während wir sie essen schmunzelt sie mit der Sonne um die Wette. Die beiden. Kopfschüttel. Und ich rieche das Meer schon. Wir müssen weiter!

Nach einer Weile fahren wir von der Autobahn ab. Die Landstraße zieht sich, bis wir das Ortseingangsschild endlich sehen können. Als dann ein weiteres Schild mit der Aufschrift „Zum Strand" folgt, wird uns bewusst, was uns gleich erwartet: der Grund warum wir eigentlich hier sind. Auf einmal sind wir ruhig und auch das Navi schließt sich an, da es geradeaus geht. Die Musik ist ebenfalls aus. Man hört sogar das Geräusch der Reifen, da die Straßen des Ortes mit Kopfstein gepflastert sind. Es rumpelt ein wenig. Auf der rechten Seite vor uns ist ein Supermarkt und gegenüberliegend eine riesige, eingezäunte Wiese. Nun biegen wir noch ein paar Mal ab und dann sind wir auf einer schmalen, kurvigen Straße, die steil bergauf geht und am Ende in einen großen Parkplatz mündet. Auch Maries Sinne sind hellwach und sie entdeckt: >>*Da ist das Hotel!*<< Aber wo ist das Meer? Wir steigen aus, und sofort pfeift uns eine starke Brise um die Ohren. Mein Gott, ist das windig! Marie kommt zu mir, nimmt meine Hand und geht instinktiv in die Richtung, aus der der Wind zu kommen scheint.

Da ist es! Uns stockt der Atem. Es ist so gewaltig, dass ein Blick nicht ausreicht, um alles in seiner ganzen Größe direkt zu erfassen. Der Wind und ein imposanter Wellengang unterstreichen die beeindruckende Urgewalt des Meeres. Es dauert ein bis zwei Minuten, bis die erste Anspannung von uns abfällt. Ich merke erst jetzt, dass unsere Hände noch ineinander verschränkt sind und wie fest wir beide zudrücken. Ich löse den Druck, ohne sie dabei loszulassen.

>>*Wir haben es geschafft?*<<
Kopfschütteln
>>*Ja.*<<
Kopfschütteln
>>*Wir haben es geschafft!*<<
>>*Ja!*<<
Kopfschütteln

Erleichterung. Jetzt schmunzelt sie wieder und geht nicht nur instinktiv in eine Richtung. :-) Zielstrebig macht sie den ersten Schritt. Wir gehen ein paar Stufen hinunter und folgen auf rechteckigen Betonplatten dem vorgegebenen Weg zum Wasser. Nur noch ein Schritt bis zum Sand. Aber Marie bleibt plötzlich stehen. Wie ein Auto, das ausgeht. Wie ein Pferd, das sich einem Hindernis verweigert und ich bin der Reiter, der davon überrascht wird. Sie bockt. Kein Stück geht sie weiter. Ich täusche mal an, sie ein wenig zu ziehen. Nichts! Kein Millimeter mehr! Ich bin irritiert. Vielleicht sollte ich einfach mal in ihr Gesicht schauen, um herauszufinden was da gerade los ist. Oder auch nicht los ist. :-) Marie hat schon darauf gewartet, und als sie meinen Blick einfängt, leitet sie mich damit zur Ursache. Es geht nach unten – okay, bis zu ihren Füssen – und ich denke: >>*Hallo, da seid ihr ja wieder. Lange nicht gesehen! :-)*<< Ahhhh! Okay, okay. Es sind die Schuhe. Sie möchte sie ausziehen, um mit der Haut den Sand zu spüren, um glauben zu können, dass wir es geschafft haben. Und so ist es, als wir uns ihrer entledigt haben, langsam die ersten Schritte gehen und ungläubig auf die hinterlassenen Fußspuren im Sand schauen.

Dann stehen wir einfach dort, blicken abwechselnd aufs Meer, die Dünen, hinauf zum Hotel, in unsere Augen. Sie kuschelt sich dabei in meinen Arm und lehnt ihren Kopf an meine Brust. Sie riecht so gut!

Nach einer ganzen Weile fängt Marie an zu zittern. Ihr ist kalt, und wir machen uns auf den Weg zum Hotel. Es liegt direkt angrenzend zum Parkplatz auf der höchsten Stelle. Nun stehen wir, mit unseren beiden Taschen bepackt, an der Rezeption. Während ich die übliche Anmeldeprozedur geduldig über mich ergehen lasse, steht Marie direkt neben mir und scannt mit ihrer unnachahmlichen Art alles, was es dort so zu sehen gibt. Ich kann ihre Gedanken hören, und das ist gerade viel interessanter als irgendwelche Informationen von der Hotelangestellten. Alles, was ich wissen muss, bekomme ich von Marie wortlos „rübergefunkt". :-)

>>Aha. Da ist der Speiseraum.<<

>>Das ist wohl die Bar.<<

>>Oh wie schön die Sonnenterrasse ist!<<

>>Ein Kartenständer. Müssen wir mal in Ruhe nach einer schönen Karte schauen.<<

>>Ein Aufzug?<<

>>Und da ist Tom. Hmmhmm.<<

Sie beendet ihren Scanmodus. Dass sie die Fähigkeit hat, mir „alle Daten" unbewusst zu übermitteln, ahnt sie noch nicht, und ich halte es mal wieder für einen Zufall. Dabei ist es ein Geschenk, so tief in einen Menschen hineinhören und sehen zu können. Damit meine ich nicht, einfach nur zu erkennen, wohin jemand gerade offensichtlich schaut. Eher, was derjenige fühlt, und besonders das, was nicht offensichtlich ist.

Wir müssen eine Etage mit dem Aufzug nach oben. Das Hotel ist sehr gemütlich; nicht luxuriös oder so. Nein, es ist einwandfrei. Aber es strahlt etwas aus. Die Zeit ist hier anscheinend stehengeblieben – wie im gesamten Ort. Hier und da etwas Modernes. Aber es passt sehr gut zusammen – wie noch etwas, was sehr gut zusammen passt …

Es ist ein tolles Gefühl, als wir die Karte ins Schloss von Zimmer 105 stecken und sich die Türe öffnet. Zum ersten Mal können wir eine Türe hinter uns schließen und sind alleine. Endlich! Noch etwas, was wir uns gewünscht und zusammen geschafft haben. Ja, endlich alleine. Nur DU + ICH. WIR2!

Das Zimmer ist ebenfalls als einwandfrei und charmant zu bezeichnen. Ein großes Doppelbett. Zwei Matratzen? Hm. Am Kopfende ist ein großer Wandabsatz aus sehr glattem und glänzendem Holz. Darauf kann (und wird?) man bestimmt jeden

Fingerabdruck sehen. :-) In der Ecke neben der Türe zum Balkon steht ein Stuhl. An der Wand hängt ein kleiner Fernseher. In einer Nische eine Arbeitsplatte, die wohl die Funktion eines Schreibtisches andeuten soll. Das Bad ist abgetrennt in einem separaten Zimmer. Nach einer ersten Begehung bekommt der Balkon die ganze Aufmerksamkeit. Als wir ihn betreten, sind wir uns schnell einig, dass er die perfekte Lage hat. Etwa 40 Meter über dem Meeresspiegel können wir auf das Meer schauen und sind, aufgrund des steilen und mit Gras besetzten Abhangs, dennoch selber nur schwer einsehbar. Perfekt – wofür auch immer das gut ist (und sein wird?). :-) Es ist so unglaublich ruhig und friedlich hier! Alles ist noch viel schöner, als wir es uns von den Fotos ohnehin schon erträumt hatten.

Marie lehnt ihren Kopf wieder an mich, schaut mir tief in die Augen und gibt mir dabei einen Kuss. Ich merke sofort, dass es einer dieser ersten ist. Die, nach denen man mehr davon möchte. Ihre Wange fällt in meine Hand, als ich ihr Gesicht berühre. Ich küsse ihre Stirn, und Marie nickt anhaltend mit geschlossenen Augen. Dabei entwischt ihr eine kleine Träne. Ich küsse sie weg und erwidere ihr Nicken. Dann nehme ich sie an die Hand, wir gehen rein und legen uns auf das große Bett, wovon wir natürlich nur eine Matratze brauchen. Ausruhen. Marie kuschelt sich in meinen Arm, rollt sich zusammen und macht sich so klein wie möglich, sodass fast kein Zentimeter mehr zwischen uns ist. Ich glaube wir sind eingeschlafen, denn es ist schon ein wenig dunkel geworden, als wir die Augen wieder öffnen.

Seit dem Mürbchen an der Raststätte haben wir nichts mehr gegessen, und die frische Luft hat ihr Übriges getan, dass wir nun anscheinend neue Energie benötigen. Appetit haben wir keinen, aber unsere Körper signalisieren Hunger. Wir beschließen, uns frisch zu machen, um dann den Ort noch etwas zu erkunden und so das Angenehme mit dem Nützlichen zu verbinden. Wir enden schließlich in einer kleinen Snack-Bar, wo nur der Inhaber selbst verlassen an einem Tisch sitzt und gerade versucht, Ordnung in seine Buchhaltung zu bringen. Es riecht nach billigem Frittierfett, aber ich glaube, so muss es auch sein, wenn man „Frikandellen spezial mit Pommes" bestellt. Ja, so schmeckt es am besten.

Zurück im Hotel, stehen wir wieder auf dem Balkon und küssen uns.

Was glaubt ihr, was wohl passiert, wenn zwei Menschen es bis hierhin geschafft haben, ausgeschlafen und gestärkt sind; wenn sie sich so oft und so lange vermisst haben; sich so nahe waren, ohne jemals unbeobachtet, ungestört und alleine sein zu können? Jede Berührung ist dann wie eine kleine Explosion in den Nervenbahnen – Befriedigung eines Bedürfnisses nach Nähe.

Das war wohl der Moment, in dem ich mich zum ersten Mal in ihren Körper verliebt habe; zum ersten Mal, weil sie die Fähigkeit hat, dass ich es immer wieder tue. Ihr Körper ist wie eine Karte, die ich studiere und deren Länder ich bereise und mit all ihren Besonderheiten erkunde. Dabei entdecke ich immer wieder Neues. Selbst das Bekannte ist dabei wie ein Teil, der einem zwar vertraut ist, aber zu dem man so gerne zurückkehrt, wie in sein Lieblingsrestaurant, wo es so gut riecht und schmeckt. Marie ist wie ein Musikinstrument, auf dem mir immer wieder neue Melodien in den Sinn kommen. Es war ein langer Tag und ein wunderschöner Abend, jedoch ohne den so langersehnten ersten richtigen Gute-Nacht-KUSS. Wir sind vor Erschöpfung eingeschlafen.

Ein Sonnenstrahl hat sich den Weg durch eine Lücke der zugezogenen Vorhänge gebahnt; von draußen hört man Möwengeschrei. Ach ja, wir sind am Meer, und es ist anscheinend Morgen. Der Tag ist schon erwacht. Marie liegt neben mir und schläft noch. Sie liegt auf dem Rücken, ihr Gesicht ist in meine Richtung geneigt. Sie hält meine Hand. Marie ist so wunderschön. Ich liebe es, sie anzuschauen. Und wie sie daliegt in ihrem Schlafshirt! Sie atmet so ruhig. Das ist ein sehr glücklicher Moment, den ich ganz für mich alleine habe. Ich kann es nicht glauben, dass ich sie berühren und spüren darf. Dass sie neben mir schläft und meine Hand hält, will das nie wieder missen, aber bevor ich dazu komme, darüber nachzudenken, wacht Marie auf und benötigt ebenfalls einen Moment Zeit, um sich daran zu erinnern, wo sie gerade ist.

>>*Hallo ...*<< und kuschelt sich wieder in meinen Arm.

Ihr könnt euch sicherlich vorstellen, dass wir nicht unbedingt Lust hatten aufzustehen. :-) Wenn, dann nur für eine einzige Sache: raus zu Sonne, Strand und Meer. Gestern war es noch so windig und kühl. Die Wolken haben sich über Nacht verzogen, und der Himmel ist strahlendblau. Jetzt ist endlich Juli!

KAPITEL SIEBEN

Der Sand ist noch nicht ganz getrocknet, aber der Wind hat kleine Wellen auf seiner Oberfläche geformt – so unberührt und diese sandige Farbe im Kontrast zum tiefen Blau des Meeres, abgesetzt vom hellen, sich verlaufenden Blau des Horizonts, dazu das Weiß-Gelb-Gold der strahlenden Sonne: Das ist die schönste Farbkombination, die ich kenne.

Auf der Suche nach einem geeigneten Platz weckt eine kleine Sandkuhle unser Interesse. Ein paar Kinder haben sie vermutlich am Vortag entstehen lassen. Man kann sie trotz vergangenen Regens und Windes noch erahnen. Sie ist so groß, dass man sich bequem dort zu zweit hineinlegen kann, und man gewinnt den Eindruck, dass es nicht so einsichtig und man damit ungestörter sei. Sie gehört uns. :-) Marie liegt mit ihrem Kopf auf meinem Bauch. Sie liest ein Buch, und ich schaue abwechselnd aufs Meer, das Treiben am Strand und Marie, die immer noch so braun von ihrem letzten Urlaub ist und ihren neuen Bikini trägt. Sie ist nicht nur so unglaublich hübsch ... Dieser kleine Zweiteiler bringt mich, ehrlich gesagt, um den Verstand. Marie lässt sich nichts anmerken, aber ich weiß ganz genau, dass sie mitbekommt, als meine Blicke über ihren Körper wandern, und sie genießt es, unter ihrem Kopf zu spüren, was es in und an mir auslöst. Sie spielt mit mir. Warum sonst verlagert sie das Gewicht ausgerechnet auf diese Stelle und erzeugt damit einen Gegendruck, den ich einfach spüren muss? Mein Blick wandert wieder umher, aber natürlich spiele ich dieses Spiel mit. :-)

Sie fühlt sich so wohl, dass ich irgendwann bemerke, dass die Seiten ihres Buches zugeschlagen sind. Sie ist eingeschlafen wie auf der Rückfahrt von Berlin, aber jetzt ist es warm und sie bei mir. Sie zuckt! Oh je ... ich habe einmal gelesen, dass man sich dann sehr sicher fühlt. Früher war es wohl ein Schutzmechanismus, der bestimmte Körperfunktionen schneller einschlafen lässt als andere, die Muskeln relativ zum Schluss, um bei Gefahr schneller reagieren zu können. Deshalb mag ich es, wenn sie zuckt. Sie lässt sich fallen und weiß, dass ich auf sie aufpasse.

Es ist schon Nachmittag, als Marie hinter mir in der Sandkuhle sitzt, ihren Kopf auf meinem Rücken ablegt und wir gemeinsam aufs Meer schauen. >>*Soll ich dich eincremen?*<<, fragt sie leise mit einem Schmunzeln. >>*Ja, sehr gerne.*<<

Vor ein paar Jahren hatte ich einen Unfall und ein Teil vom Rückenmark wurde beschädigt. Die damalige OP ist gut verlaufen. Alle Funktionen sind wiederhergestellt, aber es ist ein Taubheitsgefühl auf Teilen der linken Körperhälfte geblieben, von der Brust abwärts bis unter den Fuß. Das äußert sich dadurch, dass ich kaum ein Schmerzempfinden habe und an diesen Stellen auch warm und kalt nicht mehr unterscheiden kann. Ich spüre kaum etwas, aber wenn ich z. B. ohne Shirt im Sommerregen stehe, dann merke ich jeden Regentropfen einzeln auf meiner Haut eintreffen. Wie ein dumpfer Stoß; Berührungen fühlen sich fremd an.

Die Ärzte meinten damals, dass die Nerven nur sehr langsam nachwachsen. Man müsste sie auch dazu anregen und ihnen die verschiedenen Impulsarten erst wieder beibringen. Im Rahmen der Reha hat das ganz gut geklappt, aber irgendwann kam der Alltag wieder – ohne Berührungen.

Was macht sie denn nur mit mir? Sie cremt mich ein, und ich spüre jede ihrer Berührungen, als wäre nie etwas gewesen. Seit Jahren fühlt es sich zum ersten Mal nicht fremd an, sondern – sehr, sehr gut. Ich hätte nicht gedacht, dass das überhaupt noch möglich ist. Ich bekomme sogar eine Gänsehaut und schüttel ungläubig den Kopf. Marie merkt, dass etwas in mir vorgeht, und fragt verunsichert: >>*Ist es unangenehm? Soll ich aufhören?*<< Ich erwidere schnell: >>*Nein, ganz im Gegenteil!*<<, und schüttel wieder mit dem Kopf, aber dieses Mal mit einem Lächeln untermauert.

Sie macht weiter, während ich anfange, ihr so von der Operation und dem Taubheitsgefühl zu erzählen, wie ich es euch gerade erzählt habe. Marie hört dabei nicht auf, die Sonnencreme einzumassieren. Je mehr ich erzähle und beschreibe, wie gut es sich gerade anfühlt, desto mehr genießt auch sie diesen Moment. Die Creme ist längst nicht mehr nur ein Schutz gegen die Sonnenstrahlung. Marie sitzt immer noch hinter mir und massiert mich bis in jede einzelne Fingerspitze. In der Ferne spielen Kinder. Ich nehme ihre Stimmen wahr, das Meeresrauschen der sich überschlagenden Wellen und über uns die Möwen. Eine leichte Brise weht. Der Geruch der Sonnencreme. Das ist gerade einer der glücklichsten Momente, die ich je erlebt habe, und ich werde ihn niemals vergessen. Wenn überhaupt etwas perfekt sein kann, dann ist es dieser Tag am Meer.

Oh nein! Schon wieder dunkel. Wir wollen noch nicht gehen, aber es ist kalt geworden. Alle anderen haben den Strand längst verlassen. Selbst die Möwen sind verschwunden. Marie zieht ihre Shorts und ein graues Kapuzen-Sweatshirt an. Auf dem Rückweg zum Hotel fühlt sich das so ... urig an: erst zu spüren, wie kalt ihre Schenkel sind, und dann das warme Sweatshirt als Gegensatz. Dazu die Vorfreude, gleich im warmen Hotelzimmer zu sein. Ich hatte zum ersten Mal das Gefühl, zu Hause zu sein, egal, wo ich gerade bin.

Die warme Dusche, die Flasche Wein auf dem Balkon und die Fingerabdrücke auf der Holzvertäfelung am Kopfende ... wir sind schon wieder vor Erschöpfung eingeschlafen, und jetzt ist bereits ein neuer Morgen.

Letzter Tag. Abreise. Um halb elf Uhr muss das Zimmer schon geräumt sein. Aus Zeitgründen beschließen wir, getrennt voneinander zu duschen. Ja, man sollte meinen, dass es eher schneller gehen sollte, wenn man zu zweit duscht, als nacheinander, aber was soll ich euch sagen? :-) Damit sind wir wieder halbwegs in der Zeit und schaffen heute vielleicht sogar das Frühstück. Nur noch schnell Zähne putzen.

Während ich ein paar Sachen in der Tasche verstaue, kommt Marie mit nassen, in ein Handtuch eingewickelten Haaren aus dem Bad. Sie hält unsere beiden Zahnbürsten in der Hand, schon fix und fertig mit Zahnpasta. Wir fangen gemeinsam an, sie führt mich zurück ins Bad und stellt sich vor mich, so dass wir uns gemeinsam im Spiegel sehen können. Unsere Blicke treffen sich. Die Putzbewegungen werden auf einmal immer langsamer, bis sie ganz aufhören. Ungläubiges Kopfschütteln mit Schaum vor dem Mund. IST-Zustand an meinem Schoß. Nein, tu das nicht. Nicht bewegen. Beweg ihn nicht. Das geht nicht gut. Sch****! Und ob das gut geht! Viel zu gut. Kein Zentimeter mehr zwischen uns.

„Da ist es! Uns stockt der Atem. Es ist so gewaltig, dass ein Blick nicht ausreicht, um alles in seiner ganzen Größe direkt zu erfassen. Der Wind und ein imposanter Wellengang unterstreichen die beeindruckende Urgewalt des Meeres. Es dauert ein bis zwei Minuten, bis die erste Anspannung von uns abfällt. Ich merke erst jetzt, dass unsere Hände noch ineinander verschränkt sind und wie fest wir beide zudrücken. Ich löse den

Druck, ohne sie dabei loszulassen."

Nur dass wir danach nicht am Meer stehen, sondern mit Zahnpastaschaum vor dem Spiegel. :-) Mannomann. Das kann echt alles nicht wahr sein. WIR MÜSSEN doch los!

Der erste Hunger ist gestillt, den „Nachtisch" finden wir bei Kaffee und Kakao in einer kleinen gemütlichen Strandbar. Nach dem Frühstück bleiben wir dort und verbringen noch einige Zeit auf einer Bank der Veranda. Marie sitzt mir gegenüber und versteckt ihre Füße unter meinen Oberschenkeln. Wir reden, lachen viel, schweigen manchmal und schauen uns dabei unentwegt an.

Eigentlich geht es danach nochmal runter zum Meer, und es findet ein Gespräch statt, bevor wir wieder im Auto sitzen und diese furchtbare Rückfahrt antreten, bei der kein einziges Wort mehr fällt.

Ich möchte mich an dieses Gespräch aber nicht erinnern. Man will diese Dinge im Leben einfach manchmal nicht hören, oder? Die Wahrheit: der Moment, in dem man die Augen öffnen muss und alles, was einen anblickt, die Realität ist. Man läuft und läuft, dann holt sie einen doch immer wieder ein. Dann sehen wir, wie wenig wir eigentlich von dem sind, was wir gerne wären.

Erinnert ihr euch noch an die Verabschiedung im Auto, als die beiden aus Berlin zurückgekommen sind?

„Sie verweilt noch einmal in meinem Arm, und dann sind nur drei Sätze mit trauriger Stimme nötig, um stillschweigend die Vereinbarung zu treffen."

Schließt mal die Augen, und stellt euch das gleiche Gespräch am Strand vor. Jedoch dauert es nicht zwei Minuten, sondern zwei Stunden. Fertig. Eine solche Wiederholung als rhetorisches Stilmittel soll Literatur sein? Für mich wirkt es gerade einfach nur billig, wenn man bedenkt, was man alles mit Worten zu sagen und auszudrücken vermag. Für die kostbarsten Momente finde ich so viele Worte und muss mich so oft für eines entscheiden, aber für das hier möchte ich gar nicht nach anderen oder weiteren Worten suchen. Wozu auch? Ihr habt mich längst verstanden.

">>Es war wunderschön, aber es darf nicht wieder vorkommen und muss eine einmalige Sache gewesen sein. Es kann und darf nicht mehr sein.<<

>>Ja, ich weiß.<<"

>>So 25.07. 20:52 Uhr
AW::::: Pssst...

(Mein?) kl. blauer Elefan, schade, dass unser WARMER Juli mit so einem kalten Abschied geendet ist.

Ich bereue keine einzige Sekunde. Alles WIR 2, auch wenn es manchmal wehtut!

HICKS und einen AbschiedsKUSS, wie er nach diesem Wochenende eigentlich hätte sein können – sollen!

Dein schmunzelHASE<<

>>*Mo 26.07. 07:51*
AW:::::: Pssst...

Wessen kl. blauer Elefant denn sonst?

Auch wenn mich der gestrige Nachmittag noch sehr nachdenklich macht und ich nicht weiß, was es für Auswirkungen hat, wenn mir die Bedeutung davon verständlich und klar werden wird, aber ich bin in Gedanken wie immer bei dir und sehne mich nach dir und deiner Nähe. Wie immer das Gefühl, dass ohne dich etwas fehlt.

Danke für die unbeschreiblich glücklich(st)e Zeit im Juli, dafür, dass ich so etwas einmal kennenlernen, erfahren und spüren durfte.<<

>>*Mo 26.07. 11:01 Uhr*
AW::::::: Pssst...

Nein, danke nicht mir, danke UNS für diese unbeschreiblich glückliche Zeit, die wir gemeinsam erleben durften. Das waren WIR 2 zusammen!

Du hast mal gesagt: "aufhören, wenn es am schönsten ist". Dann wäre vielleicht jetzt der Zeitpunkt nach diesem Wochenende? Ich kann und will es nicht, weil ich weiß, dass (ohne noch) viel mehr möglich ist. Ich spüre es, auch wenn ich noch nicht weiß, wie.

Wenn du Zeit (Pause?) zum Nachdenken brauchst, ob es für dich bzw. uns Auswirkungen haben wird, dann sag es mir bitte.

Keine Sonne, es regnet. Aber ich habe die Sonne vom

Wochenende in meinem Herzen gespeichert (als Ressource?)!
In deinem Zeitungshoroskop für heute steht: „Musik wäscht den
Staub des Alltags von der Seele".<<

>>Mo 26.07. 21:20 Uhr
AW::::::: Pssst...

Du, ich brauche keine Zeit oder Pause. Wenn ich etwas nicht
will oder brauche, dann ist es eine Pause von dir. Es gibt zwei
Sätze, die uns verbinden, die ich mit dir fühle und teile:

„Ich kann und will es nicht, weil ich weiß, dass (ohne noch) viel
mehr möglich ist. Ich spüre es, auch wenn ich noch nicht weiß,
wie."

Sie verbinden uns auf eine wundersame Art und sind immer da,
egal, wie die Dinge stehen, und egal, was du mir sagst. Alles
egal.

Warum ist diese Anziehung so unbeschreiblich groß und
augenscheinlich alles wie vorherbestimmt? Es scheint so, als
würde mit jedem Problem die Kraft der Anziehung immer nur
noch größer. Es war so schlimm gestern, aber heute schüttel ich
nur den Kopf und entgegne allen Problemen, Zweifeln und
Umständen mit nur einer Antwort: Nein! Ich will nicht. Ich will
nicht ohne dich sein. Ich brauche dich. Du machst mich doch
glücklich. Ich kann und will es auch nicht!

Ich muss Schluss machen. Ich habe gerade keine Gelegenheit,
um – du weißt schon – ungestört zu schreiben.

Will zu dir und mit dir zusammen den Kopf schütteln und uns
gemeinsam anschweigen, weil uns die Worte fehlen, warum wir

nicht einfach aufgeben und beide nicht wissen, warum dieses Gefühl da ist, und dass es nicht alles gewesen sein kann.

Gute-Nacht-KUSS<<

>>Mo 26.07. 23:10 Uhr
AW::::::::: Pssst...

Gute-Nacht-KUSS ... auch ein Grund von sehr vielen, warum ich es nicht einfach aufgeben kann: weil wir uns trotz zweier Nächte immer noch keinen „richtigen" Gute-Nacht-KUSS gegeben haben! ;-)

P. S.: In meinem Horoskop steht: "Bereits im Mittelalter stellte man fest, dass sich die Himmelskörper nicht um die Erde, sondern um die Sonne drehen". Kommt mir irgendwie bekannt vor: Umlaufbahnen, Anziehungskraft ... :-)<<

>>Di 27.07. 08:11 Uhr
AW::::::::::: Pssst...

Wer sich um wen dreht, ist eigentlich auch egal. Hauptsache es dreht sich, und die SONNE ist täglich aufs Neue da.<<

>>Di 27.07. 08:31 Uhr
AW:

Pssst... habe heute Morgen beim Zähneputzen (nach dem Duschen mit Handtuch umwickelt) unsere beiden Gesichter im Spiegel gesehen und musste schmunzeln. Wie ... Zähneputzen doch sein kann! :-)

War schön, dich eben, wenn auch nur in der Ferne, wiederzusehen.

Es ist gerade so unwirklich, wieder hier zu sein. Vermisse deine Nähe. Es ist so schwer, im Moment darauf zu verzichten ... War schon immer schwer, aber nach diesem Wochenende noch viel mehr.

Marie<<

>>Di 27.07. 21:11 Uhr
AW::

Ja, so ging es mir gestern auch. Kam mir ziemlich fremd vor, habe mich verloren gefühlt und den ganzen Tag schweigend vor mich hin gearbeitet.

Deine Nähe fehlt mir auch noch viel mehr als sonst. Mein rechter Unterarm ist auf Entzug, möchte gekribbelt werden. Diese Berührungen waren alle so beiläufig, und dennoch sind es genau die, die ich besonders behalten habe und an die ich mich anscheinend sehr schnell gewöhnen kann. Die Gewohnheit, dich zu berühren und selber berührt zu werden, ist sehr wertvoll.<<

In stillen Augenblicken brauche ich nur die Augen zu schließen, und unser „Juli" und die Zeit, wie sie war und sein soll, ist einfach da – wie jetzt gerade: das Rauschen der Meereswellen, ein paar spielende Kinder und eine Möwe, die über uns hinwegfliegt. Ich höre sie. Meine Augen sind zu. Ich öffne sie nur ab und an, um nachzuschauen, ob du noch da bist. Manchmal erwiderst du zufällig diesen Blick, manchmal sind deine Augen geschlossen. Dann verweilt mein Blick eine Zeit über dir. Kein Traum. Eine Erinnerung.

Alles kein Alltag. Nur Urlaub. Ich weiß. Ich höre jetzt auch lieber mal auf. Ist noch alles so frisch, gerade mal drei Tage her, dass wir uns wieder trennen mussten. Aber ich möchte die Gewohnheit, mich an dich gewöhnt zu haben, noch nicht loslassen, keinen Millimeter. Wie lange dauert so ein Entzug von dir? Ich will nicht, dass er einsetzt.

Gute-Nacht-KUSS oder besser -KÜSSE ... man weiß ja nie.

P. S.: Schön, dass es dich gibt! Danke schmunzelHASEN-Mama und –Papa: gute Arbeit! Wie für mich gemacht. :-)<<

>>Di 27.07. 22:22 Uhr
Alles MUSS ...

Lass mich oder die Gewohnheit, dich an mich gewöhnt zu haben, bitte nicht los! Nie?! Ich bin bei dir, und das weißt du auch. Kein Entzug ... nur, wenn du ihn zulässt?!

"Man weiß ja nie."? Aber ich weiß, dass ich dich sehr vermisse (jeden Millimeter) und mich deshalb ganz doll auf die Zeit mit dir am Freitag freue – und das nicht nur vielleicht. Kein Urlaub (mehr), (noch) kein Alltag, aber immer wunderschön und steigerungsfähig!

Mir fallen so viele Sachen ein, die wir im „Juli" noch hätten machen können/ sollen/ MÜSSEN ...

*   *Muscheln (für mein Glas) sammeln, aber vorher mit ihnen ein Herz am Strand legen und fotografieren*
*   *Die Schokokerzen benutzen*
*   *Am Strand (Rot-)Wein trinken und ...*
*   *Langer Strandspaziergang*
*   *Die gemeinsam gelesenen Bücher zusammen lesen*

*   *Essen … ne, war nur Spaß :-)*
*   *Unser Buch weitergestalten*
*   *Blumen aus den Hängekästen an den Straßenlaternen*
          klauen (äh, ich meine: pflücken)
*   *Wolkenformationen raten*
*   *Neue Punkte/ Ideen für unsere LISTE überlegen*
*   *Foto(love)story von den zwei kl. blauen Elefanten*
*   *Schach/ Poker spielen*
*   *Eis essen*
*   *Auf die Dünen-Aussichtsplattform gehen*
*   *Uns dort irgendwo „verewigen"*
*   *Und ja: der Gute-Nacht-KUSS<<*

>>Mi 28.07. 21:24 Uhr
AW: Alles MUSS ...

Du bist auch hoffnungslos romantisch verrückt! Da haben sich echt zwei gefunden *kopfschüttel! Deine Liste: Warum möchte ich schon wieder auf keinen einzigen Punkt verzichten? Ich wollte nie Pokern lernen. Ich habe nie jemanden gefunden, dem ich Schach beibringen darf. Nie hatte ich die Idee, gemeinsam Blumen zu klauen (äh: zu pflücken). Hatte nicht das Bedürfnis, mich mit jemandem zu verewigen. Es scheint alles so normal und selbstverständlich. Wenn ich dich sehe, habe ich verrückte Dinge im Kopf. Und du lässt mich einfach, setzt oftmals noch einen drauf oder überraschst mich mit deinen eigenen Ideen, Wünschen und Träumen.

Deiner Liste gibt es (fast) nichts hinzuzufügen:

*   *2 bis x Gläser Wein auf der Dachterrasse des Hotels*
          trinken und den Sonnenuntergang dabei anschauen
*   *Im Strandrestaurant (oben gegenüber vom Hotel) essen*
          gehen (so kommst du noch zum Essen ;-)
*   *Zimmerupdate auf die nächsthöhere Kategorie mit*
          Badewanne

Schokobadepralinen gemeinsam erleben? Du vor mir, Rücken an meinem Bauch und meiner Brust. Dein Kopf ruht entspannt, neigt sich dann zur Seite. Deine Haare sind nass und glänzen vom Wasser. Alles duftet nach dieser Schokopraline und den Kerzen. Das Wasser ist angenehm warm. Mein Mund möchte dein Ohr küssen. Du lässt es zu. Immer weiter und weiter. Deine Wange. Bis sich die Lippen berühren. Es schmeckt alles so süß: nach dir und Schokolade. Die Zungenspitzen berühren sich. Nur die Geräusche der sich manchmal lösenden Lippen sind zu hören. Ich küsse dein Kinn, und dein Kopf neigt sich komplett zur Seite. Dein Hals schmeckt so unglaublich gut! Dein Herz schlägt schneller. Ich spüre es. Es wird warm und immer WÄRMER. Deine Arme fallen hinter deinen Kopf zurück. Mit einem feuchten Lappen fahre ich über deine Oberarme, die Achseln, über die Seiten bis hin zum Bauch, wieder zurück nach oben, und dein Herz schlägt schneller in der Erwartung, dass ich beim nächsten Nach-unten-Streichen deine Brüste sanft berühre. Die Geräuschkulisse ist jetzt geprägt durch das Wasser, das vom feuchten Lappen über deinen Körper fließt und sich wieder mit dem süßen Wasser vermischt. Bei jeder Abwärtsbewegung gelange ich weiter: vom Bauch an der Seite vorbei über den süßen Hüftknochen. Immer und immer wieder die gleiche Erwartung, dass ich beim nächsten Mal deine Schenkel nicht über die Seite und den süßen Hüftknochen erreiche. Zum sanften Geräusch des Wassers gesellt sich ein pulsierender Atem. Ich lege deine Füße links und rechts auf den Wannenrand. So ist es mir möglich, auch die Innenseite der Schenkel mit dem feuchten Lappen zu erreichen. Die Schokoladenpraline hat das Wasser längst ölig gemacht. Jede Berührung wird immer fließender, dein Verlangen immer *größer, der Herzschlag immer schneller und der Atem immer intensiver. Auf dem Gipfel angekommen, berühre ich wie aus Versehen deine empfindlichste Stelle. Alles so weich und süß. Jede Berührung wird durch das Wasser verstärkt. Küsse, intensiver Atem, pulsierende Herzen und die Bewegungen des Wassers. ALLES ist jetzt eins. Alles MUSS ...<<*

KAPITEL ACHT

Was ist denn da los? Der "Juli" hinterlässt seine Spuren. Das muss am Oxytocin liegen – ein süchtig machendes Bindungshormon. Der Körper schüttet es bei euch Frauen aus, wenn ihr Sex mit einem Mann habt, den ihr dauerhaft an euch binden wollt. Die Natur hat uns da im Griff. Sie ist der Meinung, dass ihr den potentiellen Vater eures Kindes während der Schwangerschaft und danach noch brauchen werdet. Aber auch ohne Kind: Wenn ihr das Hormon produziert, dann fühlt ihr euch sicher und beschützt. Es ist übrigens dasselbe Neuropeptid, das auch für die Kontraktion der Gebärmutter und den Milcheinschuß in der Brust mitverantwortlich ist. Kein Wunder, dass ihr euch dann sehr weiblich fühlt. Teufelszeug!

Ich glaube, Tom und Marie haben so etwas wie einen festen Zugang, über den sie ständig Oxytocin austauschen, manchmal sehr, sehr, viel. Das ist toll! Ich rieche es an ihr, als wäre ich in einen Topf mit Honig gefallen; und je mehr ich es genieße, desto mehr produziert sie davon. Es lässt die Welt stillstehen.

Das Körperliche ist aber nicht die einzige Veränderung. Es ist auch der Wunsch nach einem gemeinsamen Alltag.

>>Mo 09.08. 12:37 Uhr
SONNE

Du, ich weiß nicht, ob die kl. Sonnenblume auf dem Spinnt genug Sonne bekommt. Wir haben schon August, und du hast erzählt, sie blüht noch nicht. Ich weiß es nicht, aber Sonnenblume ohne Sonne ist wie kl. blauer Elefant ohne schmunzelHASE. Vielleicht wenigstens ein bisschen Sonne auf deiner Dachterrasse? Du kümmerst dich sehr um die Kleine, aber das musst du entscheiden. Umpflanzen und auf die Dachterrasse? Ich weiß nicht, ob sie das verkraften würde!?<<

Du hast recht. Ich habe sie heute nach dem Training mitgenommen und sie ganz vorsichtig in ihr neues Zuhause umgetopft. Hoffe, es macht sie stärker und nicht noch schwächer!? Aber ich habe ja morgen frei und den ganzen Tag Zeit, mich um sie zu kümmern. :-)<<

>>Mo 09.08. 20:55 Uhr
AW:: SONNE

Hey, schmunzelHASE,

ich sitze draußen im Garten auf der Terrasse. Das habe ich schon lange nicht mehr in Ruhe gemacht. Ich habe sturmfrei. :-) Da merke ich, wie wenig von mir sonst wirklich hier ist. Irgendwie ... ist es nur noch meine Hülle.

Weißt du, wer in unmittelbarer Nähe neben mir ist? Die große Sonnenblume. Ich denke, sie ist jetzt schon fast zwei Meter hoch. Bisher ist es eine Blüte, aber ich sehe schon mindestens fünf weitere! Unglaublich. Wenn du sie nur sehen könntest! Freue mich auf den Tag, an dem sie so viele Blüten hat, dass sie es mir nicht übel nehmen wird, wenn ich eine für dich mitnehme. Sie zwinkert mir gerade zu. :-)

Okay, kl. schmunzelHASE mit weißer Hose, grauem Oberteil, süßen Schuhen und interessantem Nagellack: Ich genieße jetzt noch ein wenig den Sonnenuntergang, versuche eine Präsentation für die Arbeit morgen fertigzustellen und denke an dich.

Du bist so wunderbar!

HICKS x KUSS<<

>>Mo 09.08. 22:22 Uhr
AW::: SONNE

Wir sind zusammen draußen im Garten auf der Terrasse. Du arbeitest noch ein wenig an deiner Präsentation für morgen. Ich sitze neben dir, meine Füße unter deinen Oberschenkeln ... und lese ein Buch. Wenn du fertig bist, trinken wir noch ein Glas Wein und bewundern die Sonnenblume(n), reden leise miteinander, schmieden Pläne und warten, bis die Sonne untergegangen ist und wir im Schein der Kerze nur noch unsere Hände (mit ineinander verschränkten Fingern) sehen. Der Wein ist ausgetrunken, du stehst auf, pustest die Kerze aus, führst mich ohne Worte hinein. Je näher wir dem Schlafzimmer kommen, desto weniger haben wir nur noch an. Du kannst meine neue Unterwäsche sehen. Was dann passiert, überlasse ich deiner Fantasie. Pssst, ich lasse mich gerne überraschen ... hmmhmm *schmunzel<<

>>Di 10.08. 16:27 Uhr
AW:::: SONNE

Pssst, bin heute Abend wieder bei dir. Dann spielen wir Boccia im Garten. Der Verlierer muss ... überlasse ich deiner Fantasie. :-)<<

>>Di 10.08. 21:48 Uhr
AW::::: SONNE

Hm. Es regnet. Leider weder Garten noch Boccia, aber drinnen ist es auch gemütlich. Für heute vergessen wir einfach die fertigzustellende Präsentation. DVD? ;-) Der Abstand zur Sonnenblume ist auf dem Sofa ebenfalls nur wenige Meter. Die Sonne ist untergegangen, und wir dimmen das Licht. Deine Füße unter meinen Oberschenkeln. Der Schein der Kerze lässt die Umrisse unserer Hände (mit ineinander verschränkten Fingern) nur noch schemenhaft erahnen. Ein Glas Wein, der Regen prasselt gegen die Fenster. Aber wir haben es schön warm und gemütlich, legen die DVD ein, und ehe ich bei dir auf dem Sofa bin, erscheint schon das Startmenü des Films mit leiser Hintergrundmusik. Deine Füße und Hände nehmen wieder den vorbestimmten Platz ein, und wir starten den Film. Ein 2. Glas Wein ... diese Ruhe! Ich sehe deine Hände und Finger kaum, aber ich spüre sie, und ich spüre dich. Alles ist so, wie es sein sollte.

Der Film ist zu Ende. Es gab keinen Wetteinsatz heute Abend. Bevor wir aufstehen, fragst du mich, was mein Wetteinsatz gewesen wäre. Ich flüstere dir ins Ohr: „Du hast doch so weiche Schals. Der Verlierer hätte seine Hände mit einem dieser Schals ans Bett fesseln lassen müssen, um sich dem Gewinner sanft aber bestimmt hinzugeben."

Du stehst auf, pustest die Kerze aus, führst mich ohne Worte immer näher Richtung Schlafzimmer. Je näher wir kommen, desto weniger haben wir nur noch an. Ich kann deine neue Unterwäsche sehen, und vor dem Kleiderschrank werden die Küsse immer leidenschaftlicher. Du öffnest die Türe, ergreifst gezielt ein Tuch und lässt dich langsam auf dem Rücken im Bett nieder, ohne dass unsere Küsse davon unterbrochen werden. Das Tuch habe ich an mich genommen, lasse es über deinen Oberkörper gleiten, so dass es dich samtweich berührt. Füße, Beine, Oberschenkel, der süße Hüftknochen, Bauch, an den *kleinen Rippen vorbei, dort wo die Haut dünn und besonders empfindlich ist. Die Arme, über die Brüste bis hinauf zum Hals. Was dann passiert, überlasse ich deiner Fantasie. Pssst, ich überrasche dich gerne! *schmunzel*

Süße Träume (mit Tuch und viel Fantasie). ;-)

Gute-Nacht-KÜSSE auf den Mund und ...<<

>>Di 10.08. 22:21 Uhr
AW::::: SONNE

Aaaaahhhhhhhh, ich habe mir, kurz bevor ich deine E-Mail gelesen habe, ein Tuch für morgen zum Anziehen herausgelegt ... aaahhhhhh *kopfschüttelundgrins

Mr. Tom ... puuuuhhhh. Schönes Kopfkino zum Einschlafen, wenn das überhaupt geht, so schnell, wie mein Herz gerade klopft. Unglaublich, wie bildlich man sofort alles vor Augen hat!

Gute-Nacht-KÜSSE

Pssst... Der nächste „Verlierer" bekommt mit dem Tuch die Augen verbunden. :-)<<

Alltag – ist eigentlich kein schönes Wort. Es ist eher negativ besetzt, weil es mit Routine in Verbindung gebracht wird und im Gegensatz zu Feiertagen und Urlauben steht. Warum gibt es Menschen, mit denen wir uns dennoch einen Alltag wünschen, wenn dieser doch so langweilig ist? Jede Woche diese dämliche Mülltonne rauszustellen. Tag ein, Tag aus irgendwie immer das Gleiche. Es wäre die „UNREALISTISCHE Geschichte von Tom und Marie", wenn die beiden sich nicht auch diese Frage stellen müssten. Ich komme darauf zurück.

Aber bis dahin legen wir einen Endspurt ein. Schließlich ist es ein goldener Spätsommer, und wir sollten jeden Sonnenstrahl nutzen. Ich brauche die Kraft, die ich aus diesen Zeilen ziehe, für das nahende Ende. Schauen wir ihnen einfach zu und genießen es hoffentlich, wie es sich anfühlt, mit seinem Lieblingsmenschen zusammen zu sein. Ich lasse jetzt einfach mal laufen.

>>Do 19.08. 20:01 Uhr
Die LISTE geht weiter ...

Ich habe heute am Telefon gesagt, dass im Moment ein Ziel fehlt. Das heißt, wenn wir es selber in der Hand haben (so, wie du geantwortet hast) und dazu auch noch beide nächste Woche Montag bis Mittwoch Urlaub haben, dann okay ... schauen wir UNSERE Liste an und machen weiter, damit einfach glücklich zu sein. Ich bin dabei. Es gibt so viele Dinge, da müssen wir Prioritäten setzen. Entscheiden wir gemeinsam, was jeder verantworten kann bzw. möchte! Es gibt große und kleine Punkte. Und ich freue mich, genau wie am Anfang, immer noch genauso über ein Frühstück mit Mürbchen am Main.

Hier mein Vorschlag. Ich weiß nicht, was du davon hältst, aber ich bin für alle Vorschläge oder Änderungswünsche zu haben – und für mehr sowieso immer. :-)

1. Tag (Montag): Ein individuelles Tennistraining und anschließendem Spaziergang. Vielleicht irgendwo einfach nur liegen und nichts tun.

Pausentag (Dienstag): Leider, weil wir da beide anderweitige Verpflichtungen (!) haben.

2. Tag (Mittwoch): In die Therme. Ich habe eine gefunden – mit Ruheräumen, die du dir gewünscht hast.<<

>>Do 19.08. 21:45 Uhr
AW: Die LISTE geht weiter ...

Du warst ja schon fleißig.

Hmmhmm ... Hört sich alles sehr gut an! Du wirst mich ziemlich ins Schwitzen bringen, Mr. Tom!

Nur die Zeit wird wieder viel zu schnell vergehen – so wie IMMER, wenn wir zusammen sind. :-(

Ich vermisse dich ... Gute-Nacht-KUSS!<<

>>Do 19.08. 22:22 Uhr
AW:: Die LISTE geht weiter ...

Ich freue mich auf die Zeit mit dir nächste Woche: ganz viel Lachen, Schmunzeln und Glücklich sein.

Es gibt gerade mal wieder keine Worte, um zu beschreiben, wie sehr ich dich vermisse.

Gute-Nacht-KUSS<<

>>So 22.08. 22:22 Uhr
AW::::::::::: Die LISTE geht weiter ...

Pssst, bin nervös wegen morgen. Oje, mein Herz klopft im Bauch. Oder sind es die Schmetterlinge im Herzen? Aaahhhpuuuhhhhmmhmm!? *schmunzel

DEIN schmunzelHASE<<

>>So 22.08. 22:24 Uhr
AW::::::::::::: Die Liste geht weiter ...

Geht mir genauso. Hätte mich auch gewundert, wenn es sich nicht für beide gleich anfühlen würde. Die Zeit rennt. Aaahhhpuuuhhhmmhmm!

DEIN kl. blauer Elefant<<

Es ist kurz vor zehn Uhr, als wir uns an diesem Tag, an der verabredeten Stelle treffen. Marie ist schon dort. Sie sitzt in ihrem Auto, das sie am Seitenstreifen geparkt hat. Warum ist sie eigentlich immer vor mir da? Seit wann sie wohl wartet? Der Treffpunkt liegt in einem viel befahrenen Industriegebiet; nicht sehr gemütlich, und deshalb verstaut Marie zuerst ganz schnell ihre Tasche in meinem Kofferraum. Als wir im Wagen sitzen und die Türen geschlossen sind, ist augenblicklich Ruhe. Wir sind endlich wieder alleine – und sicher.

>>Hallo. Endlich. Ich hab dich so vermisst!<<

Sie schaut mir tief in die Augen, bevor sie sie schließt und anfängt, mit dem Kopf zu schütteln. Immer, wenn sie das tut, muss ich einfach ihre Stirn küssen. Sie ist so weich und riecht so gut! Ich atme sie ein, bevor mir ebenfalls die Augen zufallen und ich spüre, wie aus ihrem Kopfschütteln ein Kopfnicken wird. Sch****! Das fehlt mir so: unser KUSStirn. Kleine Träne ... will zu dir.

HICKS	- Ich denk an dich
KUSStern	- Bin bei dir, auch wenn du mich gerade nicht sehen kannst
LOS!	- Gleich bist du endlich wieder in meiner Nähe
KUSStirn	- Alles doof ohne dich/ Ich küsse deine Sorgen weg

Der KUSStirn ist wie ein Pflaster ... für die Seele. Und wir alle wissen doch, dass die vermeintlich kleinsten Wunden am meisten wehtun.

Ab zum Tennis! Wenn ihr Maries vollgepackte Sporttasche sehen würdet, könntet ihr erahnen, dass sie diese Aktion sehr ernst nimmt. Ich habe Angst. Das ist nicht gut. :-)

Achtung, jetzt kommen wieder der Mann und die Steinzeit! Wir müssen euch Mädels doch imponieren mit unserer Kraft und Schnelligkeit. Wir sind schließlich die Jäger! Ich weiß, wir leben im 21. Jahrhundert. Ihr könnt sehr wohl und sehr gut für euch alleine sorgen, aber dennoch ist es schön, wenn ihr euch in schwierigen Situationen auf jemanden stützen könnt, oder? Leider ist das ein Teil der Geschichte, den ich nicht sehr oft unter Beweis stellen durfte. Wir Männer (sicher gibt es Ausnahmen) brauchen das manchmal – euch beschützen zu dürfen. Es ist okay, wenn ihr selbstständig und stark seid, aber gebt uns manchmal das Gefühl, dass ihr uns trotzdem braucht und ihr euch sicher und beschützt fühlt! Das ist wichtig in einer Beziehung. Wir Jäger sind sehr schnell und können von Weitem schon Umrisse von großen bösen Tieren erkennen. Ihr seid die Sammler und könnt selbst feinste Farbnuancen unterscheiden. Das war nötig, um zu erkennen, ob die Erdbeeren (oder sonstigen Früchte) schon reif waren. Das ist der Grund, warum für Männer zum Beispiel alles blau ist: blaue Hose, blaues T-Shirt, blaues Kleid. Männer sehen kein Türkis! Wir können das einfach nicht. ;-)

Aus der Steinzeit zurück auf den Sportplatz! Es ist ein herrlich warmer Sommertag. Ich parke bewusst etwas entfernt von der Clubanlage, sodass ich Marie auf dem Fußweg dorthin etwas von der Umgebung zeigen kann. Ich spiele seit 25 Jahren Tennis hier im Verein und bin diesen Weg schon so oft gegangen – zu jeder Tageszeit, bei jedem Wetter, zu jeder Jahreszeit. Bin geschlendert und gerannt – nach großen Siegen und bitteren Niederlagen. Die Anlage liegt außerhalb an einem Fluss. Heute wirkt der Weg wie eine kleine Allee mit den großen Kastanienbäumen. Marie hängt an meinen Lippen, während ich auch ihr all diese Dinge erzähle, und an meiner Hand. :-) Wir schlendern, aber es steht noch nicht fest, ob großer Sieg oder bittere Niederlage. Ist das ruhig! Alle sind arbeiten, in der Schule, im Kindergarten, oder gehen ihrem Alltag nach. Nur WIR 2 – für uns ist heute Feiertag.

Marie ist nervös. Wir müssen uns kurz trennen, um die Umkleidekabinen aufzusuchen und uns umzuziehen. Die jeweiligen Räume liegen nur ein paar Meter voneinander entfernt. Beide haben die Türe ein kleines Stück offen gelassen. Ich höre etwas. Oh Mann: Sie hat ihre Schuhe ausgezogen, und jetzt streift sie sicher gerade ihre Hose über den IST-Zustand und die perfekten Beine. Sie haben diese Form, die Männer höchst „interessant" finden. Ich soll sie euch beschreiben? Hätte ich das mal besser nicht erwähnt! Oh je, mein Gesicht wird warm. Ich weiß ja gar nicht, wer dass alles lesen wird!? Und vor allem, wie viele. Vielleicht 22? 222? Oder was ist, wenn es sogar 2222 lesen? Ich muss jetzt von 22 ausgehen, und es sind alles Jungs. :-) Männer, wir sind unter uns. Euch kann ich es ja sagen, ihr wisst genau, was ich meine! Es ist, wenn die Oberschenkel sich nicht vollständig berühren, obwohl die Beine komplett geschlossen sind. Die kleine Wölbung, durch die man schauen kann. Mind the Gap. ;-) Hey, Ladys, war was? :-)

Ich höre nichts mehr und bin selber nervös. Was mache ich, wenn sie gut aussieht? Wie soll ich mich dann beim Training konzentrieren und ihr imponieren? Wird schon alles gut gehen. Kein Problem. Wo sind meine Schläger? Los geht´s!

Es dauert noch einen Moment, und ich stehe bereits im Vorraum auf dem Weg nach draußen, als ich höre, wie Marie den Gang herunterkommt. Ich kann sie noch nicht sehen, weil sie erst noch um eine Kurve muss. Ach, du ahnst es nicht! Eine Kurve? Wohl eher ganz viele! Was macht sie denn nur mit mir? Kopfschüttel. Das ist mir in 25 Jahren hier nicht begegnet. Sie trägt eine schwarze, dreiviertel lange, HAUTENGE Gymnastikhose! Das ist unfair!

Das ist doch nicht zugelassen, oder? Das ist der Grund, warum in kaum einer Sportart Männer gegen Frauen antreten: weil ihr zu solch unfairen Mitteln greift und wir Angst haben, deshalb zu verlieren. Als meine Blicke den endlosen Weg entlang ihrer Beine nach oben vollendet haben, schmunzelt sie nur unschuldig. Nein, nein, nein! Du weißt ganz genau, was du da gerade machst! Okay, das macht mir nichts. Tennis ist immer noch MEIN Spiel!

Als ob sie meine Gedanken hört, kontert sie selbstbewusst und fragt nach ihrem Schläger. Dabei öffnet sie mir herausfordernd die Türe. Auf der Anlage gibt es mehrere kleine Trainingsplätze, die jeweils durch eine Hecke voneinander getrennt sind. Der Platz ist noch ganz frisch und unberührt. An der Seitenlinie steht eine weiße Bank, wo wir unsere Taschen abstellen. Während ich ein paar Bälle besorge und auf das Spielfeld werfe, macht Marie sich mit dem Schläger vertraut und ... was macht sie denn da? Sie macht Trockenübungen. Ich dachte zuerst, das wäre nur Show, aber sie meint das tatsächlich ernst. Sie ist hoch motiviert! Auf dem Platz gibt sie von Anfang an Vollgas und hört mir erst aufmerksam zu, als ich ihr die verschiedenen Grundtechniken wie einen einfachen Schlag, den Topspin, den Slice und die Regeln erkläre ... bevor sie sich einfach wegdreht. Genug gehört. Ich habe verstanden. Sie spielt die ersten Bälle wie beschrieben über den Platz.

Ich dachte, sie macht es nur, um mir eine Freude zu bereiten, aber sie überrascht mich mal wieder. Es macht ihr sichtlich großen Spaß, und sie schaut sich alles bei mir ab. Fragt nach. Lässt sich Dinge erklären. Rennt über den Platz, und sie ist sogar schon sehr gut. Damit habe ich nicht gerechnet. Aber etwas fehlt: ICH wollte DIR doch imponieren und der schnelle Jäger sein!? Und dass ich Maries Haut und ihre Kurven die ganze Zeit schon im Schein der Sonne durch die HAUTENGE schwarze Hose sehen kann, ist nicht gerade förderlich, um diesen Instinkt zu unterdrücken. Marie bückt sich nach einem Ball. Als sie sich wieder aufrichtet, stelle ich mich unbemerkt hinter sie und spüre ihren IST-Zustand. Dann greife ich nach ihrem Schläger, führe mit ihr eine theoretische Schlagbewegung aus und gebe ihr dabei mit leiser, aber dennoch unmissverständlicher Stimme eine Einweisung in den Aufschlag – direkt in ihre süßen kleinen Ohren.

>>Beim ... Aufschlag ... zeigt dein ... linkes Bein nach ... vorne ...<<

Maries IST-Zustand gibt nach und beugt sich „zwangsweise" nach vorne.

>>So ist das also mit den Tennistrainern. Machst du das bei allen Schülerinnen so?<<

Ich liebe es, mit Marie zu spielen. Nicht nur in solcher, sondern in jeglicher Hinsicht. Ich vermisse unsere vielen kleinen Wettstreite. Es war immer so knapp, so ebenbürtig, so VERRÜCKT! Egal, ob an diesem Tag, auf diesem Platz, bei einem Wettlauf oder einfach nur beim Aufbau von Möbeln ... Wir haben uns immer blind verstanden. Diese kleinen „Kämpfe" gegeneinander waren nur Spaß, denn eigentlich waren wir ein Team. Ja. Sie ist der einzige Mensch, der mich besser kennt als ich selber. Und es ist sehr einsam ohne diesen Menschen an meiner Seite. Sehr, sehr einsam.

Während einer Trinkpause an der Bank bin ich ihr wieder ganz nah und sehe, wie ein kleiner Tropfen über ihr Dekolleté im Shirt verschwindet. Sie zieht meinen Blick auf ihren Körper und gibt mir zu verstehen, dass ich sie küssen soll. Fast 30 Grad, eine Stunde Sport, und sie riecht immer noch so unglaublich gut. Die Küsse etwas salzig, aber hmmhmm ... Ihre Hüften, der Bauch ... oh je: Der Sport-BH hat keinen Verschluss. MANN MUSS ihn nach oben schieben ... alles schmeckt so salzig-süß. Marie genießt es, dass ich sie mit kleinen sanften Küssen auf ihren Oberkörper verwöhne. Sie signalisiert mir, dass sie im Auge hat, wenn jemand kommen sollte, sodass ich mich ganz auf sie konzentrieren kann, bis sie aufstöhnt und ich mich nun nicht mehr darauf verlassen kann, dass sie da oben alles im Griff hat.

Ich muss selber mal nach dem Rechten schauen. :-)

Sie würde immer weiterspielen, aber irgendwann muss ich das Training beenden, weil sie sicher die Anstrengung der ungewohnten Bewegungen unterschätzt – also nicht die neben, sondern die auf dem Platz.

Auf dem Rückweg zum Auto gehen wir noch etwas spazieren und überlegen gemeinsam, was wir mit dem Rest vom Nachmittag anfangen. Marie fragt, ob es in der Nähe vielleicht einen See gibt. Ja, den gibt es. LOS!

Am See angekommen, stellen wir das Auto auf dem Parkplatz in der Nähe ab und kramen eine Decke aus dem Kofferraum hervor. Dann marschieren wir los. Der See ist von vielen Bäumen und Sträuchern umgeben. Man muss sogar etwas suchen, um den „Eingang" im Dickicht zu finden. Es gibt einen kleinen Trampelpfad, der um das Wasser herumführt. Hier und da sind kleine Buchten.

Eben noch war es so unglaublich heiß im Auto und in der Sonne. Hier im Schatten ist es so ruhig, kühl und angenehm. Jetzt beginnt sie wieder, genau wie beim Mürbchen-Frühstück und sonstigen Besuchen am Ufer des Mains: die Suche nach der perfekten Stelle!

Maries Sinne sind schon wieder geschärft, und die kleinen süßen Ohren übernehmen die Funktion einer Radarschüssel. Ihre Augen orten den Feind – Mitbewohner dieses Planeten! Sie ist dann wie im Rausch. Es ist herrlich, ihr dabei zu folgen und sie zu beobachten – bis sie irgendwann wieder meinen Blick sucht und mich wortlos, aber fragend anschaut. „Hier"? Hm. Aber ich sehe ihr an, dass sie (noch) unzufrieden ist. Etwas stört sie. Zu einsichtig. Was hat sie vor? Wir wollen doch „nur" am See liegen? Aber nein, das wird eh nicht funktionieren. Das hat es noch nie. Sie hat Recht, es ist zu einsichtig. Weiter geht´s um den See, und dann ist sie da, die bestmögliche Stelle, die noch zu haben ist.

Wir bleiben stehen und schauen uns um in unserem neuen Revier für die nächsten Stunden. Es weht ein leichter Wind, und außer dieser leichten Brise hört man nur ein paar Vögel zwitschern. Unser Blick verweilt kurz auf dem See, während einige Enten und Graugänse lautlos über das Wasser gleiten. Wir schauen hinüber zu den anderen Buchten, stellen fest, dass wir „sicher" sind und breiten unsere Decke aus. Sie ist fast so groß wie die kleine Bucht, die jetzt uns gehört. Marie zieht ihre Schuhe aus, und da sind sie endlich wieder bei mir, die zwei süßen kleinen Füße. Wir liegen auf dem Rücken und kommen zur Ruhe. Der Moment ist mal wieder einfach nur perfekt. Die Blätter vom Baum über uns und das Schilf am Ufer vor uns rascheln leise. Wir liegen eine ganze Weile so. Marie hat ihr Bein über meines gelegt und ihre Hand liegt unter meinem T-Shirt auf dem Bauch. Ich liebe diesen Moment wie so viele mit ihr.

Ich muss mal kurz meine Kontaktlinsen ausziehen. Kleine Träne ... Dann werden die Augen trocken, und es tut weh. Keine Sorge, es ist schon Routine, und mir geht es gut.

Es ist so unglaublich ruhig, während wir dort liegen. Niemand sagt etwas. Nur ab und zu in weiter Ferne ganz leise Stimmen, die vom Wind entweder von einer anderen Bucht oder vom Trampelpfad zu uns herübergetragen werden. Doch sie sind so leise und aus dem Zusammenhang, dass sie sich verlaufen, bis sie bei uns angekommen sind. Dann wieder Ruhe. Hier und da ein Geräusch aus dem Wasser. Vermutlich Fische, die nach etwas geschnappt haben. Allenfalls nochmal eine Fliege, die eilig mit einem Bsssst vorbeisaust und auch schon wieder weg ist.

Herrlich. Der Nachmittag vergeht. Dann setzt Marie sich vor mich, schaut auf den See, und ich verschränke meine Arme um ihren Oberkörper. Sie trägt eine kurze Hose sowie ein weit geschnittenes Shirt. Ihr Kopf neigt sich zur Seite, und ich gebe ihr einen Kuss auf die Stelle, die sie mir damit anbietet. Sie schmeckt so unglaublich gut! Meine Sinne erwachen. Ich fange an, sie unter ihrem Oberteil zu streicheln: erst den Rücken und dann vorne am Bauch, hoch bis zu den Armen. Sie bekommt eine Gänsehaut. Beim Streicheln berühre ich wie aus Versehen kurz ihren BH und merke sofort, dass sie sehr erregt ist und die Nippel ihrer Brüste sich gegen den Stoff stellen – so sehr, dass er sich nicht mehr dagegen wehren kann und nachgibt. Es bereitet mir eine große Freude, sie immer wieder und wieder zu streicheln und hinzuhalten, bis ich wieder nachgebe und ihr die Berührung dieser Stelle erneut schenke. Mit jedem Mal wird ihr Verlangen danach größer. Dann kann auch ich nicht mehr und muss meinen eigenen Bedürfnissen nachgeben. Ich muss sie spüren. Ich klappe einen Teil des BHs nach unten, gerade so viel, dass ich sie jetzt direkt auf der Haut berühren kann. Hmmhmm. Sie ist so unglaublich erregt und genießt jeden Millimeter, während meine Handinnenflächen an ihr vorüberstreichen. Sie presst sich regelrecht dagegen. Ich halte ihr Brüste, und nehme die Spitzen jeweils zwischen Zeige- und Ringfinger und ziehe sanft daran, so dass sich ihre Nippel noch mehr strecken müssen, als sie es ohnehin aus eigener Kraft schon tun können und wollen. Maries Atem ist währenddessen schneller geworden. Als sie mir ihren Hals anbietet, flüstere ich ihr ins Ohr, dass ich jetzt gerne noch viel mehr spüren würde, wenn wir alleine wären. Ohne zu zögern, antwortet sie leise, fast ein wenig bestimmend und mit großem Verlangen, dass ich ihr erzählen soll, was ich jetzt gerne mit ihr machen würde.

Ich brauche einen Moment, weil sie mich damit mal wieder völlig überrascht hat. Es ist verlockend, aber womit fange ich denn jetzt nur an? Also wenn wir alleine wären und ich sie anfassen könnte, dann würde ich mich jetzt langsam über die Innenseite ihrer Schenkel bis zur ihrer wärmsten und weichsten Stelle streicheln. Dann nimmt sie meine Hand, führt sie langsam abwärts und fordert mich damit auf, ihr zu zeigen, wo genau diese Stelle ist. Während ich sie dort berühre und ihre Lust erfahre, sucht ihr Ohr meinen Mund. Die Kombination aus den Berührungen, der Zunge an und in ihrem Ohr und dem Geflüster über diverse Stellungen macht sie rasend. Nichts kann sie mehr stoppen. Wir nähern uns ihrem Höhepunkt. Dann stöhnt sie so laut auf, dass ich kurz zusammenzucke und mir Gedanken mache, ob uns jemand gehört hat. Ich lasse sie augenblicklich los, aber sie hört einfach nicht auf.

>>Ahhhh, ahh, ah, ahhh ... Scheiße!<<

Scheiße?

>>Mich hat was gestochen! Am Po! Ahhhh, ahhhh ,... ah!<<

Ihr glaubt jetzt bestimmt, ich mache hier einen Scherz. Wartet mal ab, denn es war tatsächlich so.

Marie hat sich auf den Bauch gelegt und ich sollte mal nachschauen. Ich habe ihre Hose ein wenig nach unten geschoben, damit ich die Stelle sehen konnte. Tatsächlich war da ein roter Punkt, der schon anfing größer zu werden. In der Mitte eindeutig ein dunkelroter Einstich.

>>*Du musst dran saugen, damit das „Gift" sich nicht verteilen kann! Ahhh, ahh, ah!"*<<

Dran saugen? Jetzt stellt euch das bitte mal vor: Da liegt ein Mädel mit heruntergelassener Hose in der Bucht an einem See auf ihrem Bauch, und der Junge saugt an ihrer Pobacke! Und sie ruft dabei auch noch Wörter, die nur aus A´s und H´s bestehen. A man´s got to do what a man´s got to do! :-)

Nach ein paar Minuten war das Schlimmste vorüber. Wir widmeten uns der Ursachenforschung, aber es war weit und breit kein Tier mehr auf der Decke zu sehen. Stattdessen haben wir bemerkt, dass es spät geworden war und wir langsam aufbrechen mussten.

Wir packten zusammen, und dabei fingen wir immer wieder an, über die Situation mit dem Stich zu lachen. Wir hatten auch ein wenig „Panik", weil es ja auch ein giftiger Stich von sonst etwas hätte sein können. Aber es ging ihr gut. Das Gift schien wenigstens langsam zu wirken. :-) Wir schauten uns nochmal um, bevor wir den See verließen. Auf einmal war der Stich vergessen, und die Wehmut kam wieder. Es setzte Ruhe und Schweigen ein. Der Abschied nahte.

>>*Di 24.08. 11:17 Uhr*
Für immer im HERZen

AUA! Mein kompletter rechter Arm und meine linke ... ;-) tun mir weh. Und eine Blase am Daumen. Deinem IST-Zustand geht es aber noch gut. Hmmhmm, jetzt eine Massage von dir ... AUja! UNSER Tag gestern war einfach perfekt! Tennis hat so viel Spaß gemacht ... (hätte ich echt nicht gedacht, aber ich will mehr lernen). Die Stunden am See (ohne Worte, einfach unbeschreiblich schön) ... Das ALLES macht so viel Lust auf mehr!

Sonnige Grüße von der Sonnenblume und ganz viele KÜSSE von deinem schmunzelHASEN

P. S.: Kann es noch gar nicht glauben, dass WIR uns morgen schon wiedersehen können. Ich würde gerne einfach alles mit dir machen ...!?<<

>>Di 24.08. 15:51 Uhr
AW: Für immer im HERZen

Mir hat es auch großen Spaß gemacht, meinem kl. schmunzelHASEN beim Tennisspielen zuzuschauen. DU + ICH auf dem Platz hat mir sehr viel bedeutet. Schönes Gefühl, dass du noch mehr lernen möchtest. Hmmhmm, selbst mit diesem Gefühl machst du mich glücklich. Beim nächsten Mal (?!) wird wiederholt, und dann kommt der Volley. :-)

P. S.: Du bist so unglaublich hübsch. Auch auf dem Tennisplatz. Immer ... und dann noch deine salzige Haut ... Schmecke dich, wenn ich die Augen schließe.

Ich träume mal wieder mit offenen Augen.<<

>>Di 24.08. 22:01 Uhr
AW:: Für immer im HERZen

Ich habe etwas Rückenschmerzen ... Freue mich auf die Therme mit Whirlpool morgen.

Gute-Nacht-KUSS<<

>>Di 24.08. 22:04 Uhr
AW::: Für immer im HERZen

Gute-Nacht-KUSSchmunzelHASE<<

KAPITEL NEUN

Nun denkt ihr, dass ich euch in allen Einzelheiten vom Tag in der (Sauna-)Therme erzähle. Das ist mir durchaus bewusst, aber es gibt da ein kleines Problem! Na ja, was heißt „klein". Ihr müsst wissen, ich gehe sehr gerne in die Therme. Wenn ich euch nun davon erzähle und die Betreiber der Saunen lesen das Buch ... Ganz ehrlich? Ich werde auf Lebenszeit überall Hausverbot bekommen! Vor den Eingängen werden Verbotsschilder aufgehangen, auf denen ich abgebildet bin, mit einem großen roten Kreis, der durchgestrichen ist, und darunter steht: „Tom muss draußen bleiben!", und dahinter noch ein erhobener Zeigefinger. Oh, oh!

Keine Sorge, man hat uns nicht „erwischt", und niemand hat von der WÄRME an diesem Tag etwas mitbekommen oder musste sich gar belästigt fühlen. So war es nie, und das hat es auch nie ausgemacht. Es war einfach diese besondere Spannung zwischen uns. Aber mal abgesehen davon, wäre es unfair, wenn ich alleine Hausverbot bekommen würde, denn ich habe nichts getan. Marie ist doch schuld! Ehrlich. Ihr Frauen habt es da auch wesentlich leichter. Ihr müsst nicht wie eine Kaulquappe noch eine Abkühlrunde im Becken schwimmen, bevor ihr wieder rauskommen könnt. Marie hat das alles ziemlich genossen, mit mir zu spielen und mir meine „Schwächen" aufzuzeigen. Sehr witzig.

Aber natürlich war auch dieser Tag einfach wundervoll. Es war der BZZZT-Tag. Alles wie elektrisiert. Jede Berührung. BZZZT! Wasser leitet ja bekanntlich, d. h. auch ohne Berührung BZZZT! Wir konnten uns gar nicht gegenseitig lange anschauen, weil alleine durch den Anblick unsere Körper bereits reagiert haben. Das ist schon sehr verrückt, wenn man solche körperlichen Reaktionen alleine durch Blicke und gemeinsame Gedanken auslösen kann. Nur Marie hat diese Fähigkeit. Ohne

Marie ist eine Sauna auch nur eine Sauna, die für mich rein gar nichts mit irgendwelchen körperlichen Dingen zu tun hat. Es ist der Teil meiner Sinne, den nur sie ansprechen kann. Ja.

Es war ohnehin ein sehr heißer Sommertag. Wir gingen durch den Außengarten zu der Blocksauna, die am weitesten entfernt lag; natürlich nur instinktiv. :-) Als wir die Türe öffnen und hineinschauen, sehen wir fast gar nichts, weil der Raum nicht wirklich beleuchtet ist. Einzig und alleine etwas Rotlicht kommt von dem großen, rot glühenden Ding in der Mitte. Was auch immer das ist, es produziert einfach nur Hitze. Es ist mächtig und macht Geräusche. Niemand ist hier. Schön ist anders, aber wir sind wenigstens alleine.

Liebe Saunabetreiber, ich weiß auch nicht, warum Marie einige Minuten später mit hochrotem Kopf und lauter Schnappatmung dieses Blockhaus fluchtartig verlassen hat, um schnellstmöglich und auf kürzestem Wege das angrenzende Außenbecken zu erreichen. Marie hat sich nicht auf meinen Schoß gesetzt und führte nicht diesen inneren Kampf zwischen der nicht zu ertragenden Hitze und dem Drang nach Erlösung bis sie fast ohnmächtig wurde. Da müssen Sie uns verwechseln. :-)

Der Tag endete so, wie er begonnen hatte. Marie war nervös und verunsichert wie am Morgen, als sie sich zunächst verfahren hatte, auf einer falschen Autobahn gelandet war und sich von mir entfernte, anstatt sich zu nähern. Sie kam fast eine Dreiviertelstunde später als verabredet. Mit zittriger Stimme erzählte sie mir, dass sie einfach nur ganz schnell zu mir wollte und verkroch sich erst mal mit kl. Tränen in den Augen in meinem Arm.

>>Mi 25.08. 22:07 Uhr
Kopfschüttel

Meine Augen fallen schon zu. Ich kann diesen Tag nur geträumt haben?! Möchte wieder in den Ruheraum und meinen kl. schmunzelHASEN diese Nacht bei mir haben. Könnte weinen gerade. Vor Glück und weil es weh tut, dass du nicht da bist ... gleichzeitig. Was heißt „könnte" – ich tue es. Unsere Magnete sind so unglaublich! *kopfschüttel<<

>>Mi 25.08. 22:41 Uhr
AW: Kopfschüttel

Ich weiß, wie du dich gerade fühlst. Mir geht es auch so. Ich bin so glücklich, diesen Tag mit dir erlebt zu haben, und fühle mich jetzt so einsam ohne dich ... vermisse dich!

Ich will zurück zu dir!

Gute-Nacht-KUSSchatz<<

>>Mi 25.08. 22:46 Uhr
AW:: Kopfschüttel

„Will zurück zu dir!"? Zu mir? Sag mir doch so etwas nicht!

Gute-Nacht-KUSSchatz<<

>>Mi 25.08. 22:48 Uhr
AW::: Kopfschüttel

Doch, ich will zurück zu DIR!<<

Hey, little Miss,

ich hoffe du hattest einen schönen Tag.

Ich war heute einkaufen und habe wieder so viele neue Dinge entdeckt, die man eigentlich ausprobieren müsste. Ich war in drei Geschäften. Es war schier unglaublich, wie viele Sachen mich an dich erinnert haben, angefangen bei Unterwäsche bis hin zu kl. süßen Halbstiefeln, wie du sie in Schwarz besitzt. Selbst beim Anblick der Pizzen im Tiefkühlregal musste ich mit dem Kopf schütteln. In Kombination mit Gedanken an dich bekommen so viele Dinge eine ganz andere Bedeutung!

Ich habe gerade etwas im Kopf, was wir schon erlebt haben: den Ruheraum. Es kann unmöglich so gewesen sein!? Nur ein paar Meter neben uns liegt ein älterer Herr und ruht sich aus, schläft und schnarcht. Wir sind auf den Liegen und schauen uns tief in die Augen. Ich streichel dein Gesicht und durchs Haar. Wir küssen uns, und die Hände gleiten unter die Bademäntel. Ich berühre deine Brüste, meine Hand streichelt weiter vom Bauch über die Hüfte bis zum Oberschenkel. Die Streichelbewegungen lassen deine Beine locker werden. Dein Schoss drückt sanft, mit kreisenden Bewegungen, in Richtung meiner Hand. Meine andere Hand streichelt weiter dein Gesicht, den Hals und den Oberkörper. Mittlerweile hast du auch meinen Bademantel geöffnet und streichelst ebenfalls über meine Brust, über den Bauch bis hin zu ... Die Herzen schlagen schneller. Dein Atem wird immer lauter und aufgeregter. Je schneller deine Hüfte über meine Hand „am" Oberschenkel kreist, desto intensiver und gleitender werden die Bewegungen deiner Hand an mir.

Das Geräusch der pulsierenden Bewegungen unserer Haut und deine Atemgeräusche sind so unglaublich schnell und das Tempo ... Mehr geht nicht. Dein immer schneller werdendes Stöhnen, ein klein wenig noch, bevor WIR ...

Es kann unmöglich so gewesen sein. Nur ein paar Meter neben uns der ältere Herr, die Türe hätte jeden Moment aufgehen können. Abgesehen davon, dass die Treppe von unten her offen war ... nein, nein, nein. Es war ein Traum. Unsere (gelebten) Träume machen mich glücklich.

Ich hab dich so lieb, kl. süßer schmunzelHASE! Was ist das nur mit UNS!?

Ich versuche jetzt noch etwas abzuschalten. Ich habe morgen ein wichtiges Spiel. Es geht um den Aufstieg. Die Jungs brauchen mich.

Schlaf gut und träum was Schönes ... Bis bald, mein Schatz! *KUSStirn*<<

**>>Sa 28.08. 22:49 Uhr
AW:: Na ...**

Ich war heute Morgen ebenfalls einkaufen und habe mir einen Reiseprospekt mitgenommen. Habe ihn zu Hause bei einer Tasse Kaffee durchgeblättert und mir vorgestellt, wie WIR gemeinsam eine Reise für UNS aussuchen *willwegmitdir! Ich habe schon mal überlegt, wie und wann wir uns „Alle sieben Wellen" als Theaterstück anschauen könnten. Auch wenn es im Moment so weit weg scheint, finde ich es wichtig, dass die verrückten Ideen auch da sind, selbst wenn die Umstände und der Zeitpunkt vielleicht nicht immer passen, aber allein der Gedanke daran *macht mich glücklich!*

Es ist so schön, dass du mir deinen Tennisclub gezeigt hast! Jetzt kann ich mich viel besser zu dir auf den Platz träumen! Bin bei dir!

Meine Blase am Daumen ist auch immer noch da. Es sieht so aus, als ob unter der ersten Blase, die ja schon auf ist, noch eine zweite Blase ist?! Unglaublich ... Ich finde die Blase echt toll, weil sie mir beweist, dass ich diesen schönen Tag mit dir auf dem Tennisplatz nicht nur geträumt habe.

Die heimlichen Berührungen im „Ruheraum" und im Whirlpool ... hmmhmm ... Gänsehaut beim Gedanken daran.

Ich möchte alle unsere Träume mit dir leben – ohne „noch"! Nicht kneifen!

Gute-Nacht-KÜSSE von DEINEM schmunzelHASEN

P.S. Es wird/ ist Herbst. Weißt du noch, wie WIR im „Juli" im Meer schwimmen waren und den Tag am Strand verbracht haben? Die Geräusche von spielenden Kindern, Wellen und Möwen ... Freu mich auf den nächsten Besuch am Meer ... mit Wind, Regen und ganz viel WIR!<<

>>So 29.08. 08:31 Uhr
AW::: Na ...

Dann hoffe ich mal, dass du es dir nicht doch noch anders überlegst mit dem nächsten Urlaub.<<

>>*So 29.08. 10:59 Uhr*
AW:::: Na ...

Ich weiß zwar nicht, wieso du denkst, ich würde es mir vielleicht (noch) anders überlegen, ist aber eher unwahrscheinlich. ;-)<<

>>*So 29.08. 22:22 Uhr*
AW::::: Na ...

Du klingst da immer „sehr optimistisch". Normalerweise müsste ich dich bremsen, zurückhalten, aufhalten, aber das wäre normal und unverrückt. So, wie man es immer schon gemacht hat. Keine 100 % eben. Ich brauche nur meine Augen zu schließen, sehe dein Gesicht, deine Augen und das Schmunzeln. Es gibt keinen Zweifel daran, dass ich dich nicht bremsen, zurückhalten, aufhalten möchte! Egoistisch, einmal an sich selber zu denken? Das Beste für sich zu wollen?

Das (noch) wird wohl (vielleicht) irgendwann das bedeutendste unserer Wörter werden (müssen). Nicht mehr in deine Augen schauen zu können. Dein Gesicht nicht mehr zu berühren. Deine Hände nicht mehr zu halten. Deine Stimme nicht mehr zu hören. Deinen Atem nicht mehr zu spüren. Deine Füße nicht mehr zu wärmen. Deine Lippen nicht mehr zu küssen. Dir nicht mehr durch die Haare zu streicheln. Dich nicht mehr zu riechen. Keinen Mittelpunkt mehr zu haben. Keine Anziehungskraft. Sich in keiner Umlaufbahn zu befinden. Kein Zuhause mehr zu haben. Wie soll ich nur jemals wieder ohne dich auskommen?

Gute-Nacht-KUSS<<

Die Herzen wurden schwerer, wollten mehr. Alles. Aber es durfte einfach nicht sein.

>>Fr 29.09. 18:29 Uhr
AW:::

Du, Little Blue? Warum haben wir vor dem Wochenende nicht nochmal telefoniert? Und jetzt sag bitte nicht: „Du hast ja nicht angerufen."

Aaaaaaaahhhhhh, ganz schön doof von uns, dass wir die wenigen Möglichkeiten, die wir haben, nicht nutzen. Ach, ich vermisse dich gerade und würde so gerne wenigstens deine Stimme hören! Vor dem nächsten Wochenende telefonieren wir aber, ja?

MEIN kl. blauer Elefant ... Es ist so schön, dass es dich gibt!

HICKS + KUSS = vermissedichsehr

DEIN schmunzelHASE<<

>>Fr 29.09. 21:44
Gartenparty Uhr

P. S.: Bin mal wieder auf einer Gartenparty und trinke gerade ein Bier ... im Regen mit Blick auf den Main (und die 2 Verrückten stehen immer noch da). Ich suche dich. Irgendwie ist jeder da, nur du nicht. Du fehlst mir so!

HICKS soll dir alles sagen, wozu ich gerade keine Gelegenheit habe!<<

>>Fr 29.09. 22:30 Uhr
AW: Gartenpary

Hey, genieß den Abend einfach. Ich laufe doch nicht weg.

Schon mal einen Gute-Nacht-KUSS<<

>>Fr 29.09. 23:41 Uhr
AW:: Gartenparty

Gartenparty mit Marie ... Egal mit wem ich mich gerade unterhalten würde, sie wäre immer wieder der Anziehungs- und Mittelpunkt für meinen Blick. Ab und zu würde ich hinter ihr auftauchen, sie berühren, und ohne sich umzudrehen, würde sie spüren, dass ich es bin, wie selbstverständlich die Berührung zulassen, erwidern und mit einem kl. Schmunzeln genießen, ohne die eigene Unterhaltung einzustellen.

Am Ende der Party scheinbar unbegrenzte Möglichkeiten an Ideen, wie ich sie fragen könnte, ob sie mit mir geht ... HICKS hoch KUSS ... immer wieder anders. Immer wieder neu. Immer wieder vertraut, selbstverständlich und verrückt. Oft auch wortlos. Nur ein Augenblick, ein Zwinkern, ein Kuss, ein Flüstern, eine Berührung.

Es muss wunderbar sein, mit Marie auf einer Gartenparty. Genieße den Abend und das Ende der Party.

Dein kl. blauer Elefant<<

>>*Sa 30.09. 01:12 Uhr*
AW::: Gartenparty

Ooohh ja, genau so könnte und sollte es sein!!! Du bist so wunderbar, weil du das Gleiche denkst und fühlst wie ich! Mein Schatz...<<

>>*Sa 30.09. 10:10 Uhr*
AW:::: Gartenparty

Guten Morgen,

obwohl es für mich kein guter Morgen ist. Ich fühle mich körperlich gerade überhaupt nicht wohl. Nein, nicht zu viel Alkohol gestern Abend, eher diese Hitze letzte Nacht. Habe auch gegen vier Uhr das Fenster aufgemacht, aber es kam keine Luft rein ... und ich bin auf Entzug von dir! Bin müde, und mein Nacken ist steif. Wie schön wäre es jetzt, deine Hand auf meinem Nacken zu spüren! Du? Ich fühle mich gerade sehr einsam ohne deine Nähe!

MISSu<<

>>*So 01.10. 17:05 Uhr*
AW::::: Gartenparty

Ich muss oft an deine E-Mail von Freitagabend denken. Deine Beschreibung von einer gemeinsamen Gartenparty, sie war perfekt. Genau so würde ich es mir wünschen ... und genauso war es aber noch nie!

Ich kann es mir so gut vorstellen, dass es genauso sein könnte/ wäre/ ist (!), wenn WIR2 zusammen sind!

Sehne mich nach KÜSSEN von dir! Deine Marie<<

>>So 01.10. 21:15 Uhr
AW:::::: Gartenparty

Nicht zu vergleichen mit der Marie, die mir vor Monaten sehr oft erzählt hat, dass sie nicht so viel Nähe benötigt, sondern Freiräume und Zeit für sich braucht. Schön, dass in deinen Alltagsträumen noch so viel Platz für Nähe wäre!

Ja, die E-Mail von Freitag. Das Gefühl oder die Gedanken sind irgendwie nicht neu. Du bist einfach immer mein kl. Mittelpunkt, nur haben wir nie die Gelegenheit, es auch zu leben. Aber ich bin mir sehr sicher, dass es einfach normal wäre, wenn mich mein kl. Mittelpunkt wie ein Magnet immer wieder anziehen würde. Das tust du von Anfang an. Es ist das Selbstverständlichste, das ich kenne.

Ich sehne mich auch nach KÜSSEN von dir und nach deiner Nähe. Sonntagabend eben. Irgendwie würde ich da immer gerne mit dir auf dem Sofa liegen und die Woche ausklingen lassen – mit Pizza und ohne Besuch, ohne Party. Der Sonntagabend gehört immer nur UNS 2. Es ist immer derselbe Traum. Jeden Sonntagabend. Mit einem dieser KÜSSE die Woche ausklingen lassen? Hmmhmm, ich träume gerade von dir und bin bei dir.

Dein kl. blauer Elefant<<

>>So 01.10. 21:35 Uhr
AW::::::: Gartenparty

Ob ich Nähe brauche hängt davon ab, welche Nähe es ist (die „richtige" Nähe?). Ich denke, der Mensch ändert sich im Laufe

der Zeit einfach zusammen mit seinen Bedürfnissen (nach Nähe),
aber sich das selber und gegenseitig auch einzugestehen bzw.
auch erst mal zu merken, das schaffen nur die Wenigsten.
Leider! Bei uns ist eh alles anders. Von deiner Nähe kann ich
nicht genug bekommen! Also keine Chance, Mr. Tom – aus der
Nummer kommen sie (so schnell ... nein, gar) nicht wieder
raus!<<

>>So 01.10. 22:22 Uhr
AW::::::::: Gartenparty

Die richtige Nähe. Jemand, dessen Nähe ich mir wünsche ... Es
ist egal, wo man gerade ist, wie lange man sich nicht gesehen
hat, wie oft man sich sieht. Wichtig ist die Anziehungskraft, dass
man immer wieder zu diesem Menschen als Ausgangspunkt
zurück möchte. Dass sich die Umlaufbahnen immer wieder
treffen. Diese Sicherheit. Als Zuhause. Nicht räumlich. Für das
Herz. Egal, ob man einzeln oder gemeinsam Zeit hat ... Am Ende
des Tages möchte ich zu diesem Menschen einfach zurück und
mit ihm Gedanken über gemeinsame oder eigene Erlebnisse
teilen. Und wenn dies am Ende des Tages einmal nicht möglich
ist, dann möchte ich es vermissen, es nicht tun zu können. So
lange bis, sich die Umlaufbahnen wieder treffen und die Nähe
zurück ist. Zwischen den Bahnen sollte jeder er selber sein
können und dürfen.

Ich möchte aus der Nummer auch gar nicht mehr raus!<<

>>So 01.10. 22:29 Uhr
Weißt du eigentlich wie lieb ich dich habe?

Bis zur SONNE...

Gute-Nacht-KUSSchlafgut mein kl. blauer Elefant<<

>>So 01.10. 22:51 Uhr
AW: Weißt du eigentlich wie lieb ich dich habe?

...und wieder zurück!

Gute-Nacht-KUSSchlaf du auch gut mein schmunzelHASE<<

Jeder, der einen Roman schreiben möchte, kommt irgendwann in die Situation, dass er nicht mehr weiß, was er schon geschrieben hat und was er eigentlich noch sagen möchte. Man verliert sich in Sätzen, denn es fehlen der Weg bzw. Haltestellen zur Orientierung. Wo bin ich eigentlich, und wohin möchte ich noch? Deshalb gibt einen sogenannten Plot. Er ist der rote Faden. Hier werden die Haltestellen einer Geschichte grob skizziert. Ich wusste das nicht. Aber ich habe den Plot irgendwann nachgeholt. In diesem Fall ist es einfach ein kleiner Kalender, in den ich Tom und Maries Abenteuer eingetragen habe. Das hat bis zu dieser Stelle ganz gut funktioniert.

Aber hier und jetzt kann es keinen roten Faden mehr geben. Die Handlungen und Gedanken der beiden haben sich verselbstständigt. Wie kann man versuchen, etwas zu ordnen, was von Natur aus nicht mehr unter Kontrolle ist? Das kann ich nicht. Jetzt muss es ohne gehen.

KAPITEL 10

>>Do 30.09. 10:01 Uhr
AW:

Irgendwie (Maggi) und irgendwo (Kantine) fing irgendwann (6. Oktober) die Zukunft (schmunzelHASE und kl. blauer Elefant) an.

6. Oktober. Ist das wirklich schon fast ein Jahr her, dass du in mein Leben gehüpft bist? Mir zum ersten Mal ein Lächeln geschenkt hast? So wie heute Mittag? Und es ist immer noch so besonders!

Guten-Morgen-KUSS<<

>>Do 30.09. 11:59 Uhr
AW::

Ja, der 6. Oktober. Wie schnell so ein Jahr vergehen kann, wenn man „etwas" (E-Mails, Blickkontakte, Mürbchenfrühstücke, Telefonate, kleine und große Berührungen, Kurzurlaube am Meer und in der Badewanne ...) hat, worauf man sich jeden Tag aufs Neue freut und es nicht mehr missen möchte!

Du? Gehen wir am 6. Oktober abends irgendwie, irgendwo irgendwas zusammen essen?

Guten-Morgen-KUSSchmunzelhase<<

>>Do 30.09. 17:07 Uhr
AW:::

Hmmhmm ... an unserem Kennenlerntag? Mit dir essen? Klingt sehr romantisch. Ich werde dich sehr verliebt anschauen. Dich *keinen Moment freiwillig loslassen. Dir 100 % meiner Aufmerksamkeit schenken. Du wirst (wie immer und noch mehr) mein Mittelpunkt sein. Eventuell sogar küssen. Überlege es dir lieber (noch) mal? Es besteht die Gefahr, dass es am schönsten sein wird.<<*

>>*Do 30.09. 18:01 Uhr*
AW::::

Da muss ich nicht mehr überlegen, ob ich mit meinem kl. blauen Elefanten an unserem Kennenlerntag essen gehen möchte. Ich weiß es. Ja, ich will. :-) Aber was möchtest du mir mit diesem Satz sagen: „Es besteht die Gefahr, dass es ´am schönsten sein wird´"? Aufhören, wenn es am schönsten ist?

VerliebterHICKS<<

Ich habe ihre Frage ignoriert, versucht ihr weiterhin das Gefühl zu vermitteln, es wäre alles in Ordnung. Aber das war es nicht. Ihr habt das längst bemerkt. Ich gehe dem die ganze Zeit aus dem Weg und schiebe es vor mir her, weil ich Angst davor habe. Es ist der Grund, warum ich die Augen schließe.

Tom ist verheiratet – in einem ganz normalen Leben. Die beiden bewegen sich in ihren gewohnten Umlaufbahnen, fest umgeben von der Anziehungskraft der Planeten der jeweiligen Welt, in der sie leben. Mit der sie leben. Für die sie leben. Eine gefühlte Ewigkeit; und eines Tages passiert etwas, dass im Vergleich so klein ist, dass es dieser so mächtigen Kraft scheinbar niemals etwas entgegenzusetzen haben könnte und stört dieses Gleichgewicht: ein AugenBLICK.

Aber ist etwas wirklich im Gleichgewicht, wenn ein AugenBLICK dies schaffen kann? Was ist, wenn man feststellt, dass man sich geirrt hat, weil man bestimmte Dinge einfach vorher nie kennengelernt hat und nicht wusste, dass es sie gibt? Wird man dadurch zu einem schlechten Menschen? Die Gesellschaft vermittelt uns das indirekt, in dem sie hinter verschlossenen Türen darüber flüstert und versucht uns in einer solchen Situation zurück auf den „richtigen" Weg zu führen. Wir sollen darüber nachdenken, Abstand zu diesen „Dingen" bekommen und wieder normal sein. Sie warnen uns vor den Folgen. Kennt ihr das nicht auch, wenn sie euch manchmal vermitteln wollen, dass die Welt eine Scheibe sei? Und wenn ihr weiter geht – dann fallt ihr runter. Warum tun sie das? Möchten sie wirklich nur das Beste für uns? Oder kann es nicht auch sein, dass sie die eigentliche Angst vor den Folgen einer solchen Veränderung haben? Sie meinen das ganz sicher nicht böse, aber wenn wir uns entscheiden müssen, ob wir weiterhin normal oder in Zukunft lieber glücklich sein möchten, dann sind sie froh, wenn wir uns für das Normalsein entscheiden. Es fällt mir so schwer, das zu verstehen!

Auch wenn sie vermitteln, dass die Welt angeblich eine Scheibe sein soll und ich beim nächsten Schritt herunter falle …: Was ist, wenn ich trotzdem springen will? Ich glaube ihnen nämlich kein Wort! Genau das hat Marie mir doch gezeigt: dass die Welt rund ist, es hinter dem Horizont weiter geht und das Leben noch so viel mehr zu bieten hat.

Wenn der Alltag ein Gefängnis ist, dann möchte ich mit Marie eingesperrt sein. Denn in ihrer Nähe fehlt mir nichts. Ich möchte dann nicht weglaufen vor der einsamen Zweisamkeit. Muss nicht mehr überlegen: „Wo können wir hin, wo wir nicht alleine sind?" Mit Marie ist alles anders. Sie schiebt mich an.

Der Dreitagebart steht dir gut! Ich hoffe nur, dass er beim Küssen nicht kratzt!? Freu mich aufs Ausprobieren später *hmmhmmschmunzel<<

Marie weiß zwar, dass ich verheiratet bin, aber sie ahnt noch nicht, dass sie, mein Umfeld, die Sanduhr umgedreht haben … an mir ziehen, zerren und reißen. Ja. Ja, ja!!! Verdammt!!! Ja, ich weiß, ich muss zurück. Ich werde Marie verlieren – mein ALLES! Ich will nicht!

Wir müssen es jetzt hinter uns bringen. Der Abschied ist da.

Ich bin an diesem Tag, unserem Kennenlerntag, mit Marie am Main verabredet. Als sie eintrifft, gehen wir ein Stück spazieren. Die Sonne ist da. Marie schmunzelt schon wieder die ganze Zeit und ist so unglaublich hübsch, trägt eines ihrer bezaubernden Kleider, dazu eine lila Strumpfhose und süße schwarze Stiefeletten. Sie ist so glücklich! Ich führe sie zu unserer Brücke, und dann entdeckt sie es: An einer geschützten Stelle der Brücke habe ich an einer Trägerwand ein riesiges Plakat aufgehängt mit einem großen, roten Herzen, und darin sind ein kl. blauer Elefant und ein schmunzelHASE zu sehen. Darunter steht: „DANKE für 365 Tage!"

Marie bleibt fassungslos stehen und fängt an zu weinen. Schüttelt den Kopf, schaut mir abwechselnd tief in die Augen und immer wieder auf das Plakat.

>>Das hat noch nie jemand für mich getan. Du bist so VERRÜCKT! Und du machst mich so glücklich! Hör bitte nie auf damit!<<

Nichts konnte sich wohl mehr anbieten, für ein Essen am Kennenlerntag als der noch offene Punkt 1 der Liste: der Mexikaner. Auf dem Weg dorthin war es schon dunkel und wir standen sehr lange im Stau auf der Autobahn, aber es war mal wieder völlig egal. Hauptsache, wir waren zusammen. Marie hielt fast während der gesamten Fahrt meine Hand, als wäre es nie anders gewesen, als sollte es nie wieder anders sein – das gleiche Gefühl wie an dem gesamten Abend.

Es war so schwer und unnatürlich sich wieder zu trennen! Wir benötigten dazu fast eine ganze Stunde. Immer wieder ein neuer Versuch. Mit jedem Mal wurde es noch schwerer. Bis zum letzten KUSStirn. Sie riecht so unglaublich gut: Nach Zuhause!

Marie war wieder weg. Ich saß nun in meinem Wagen und wusste, was ich zu tun hatte; öffnete das Handschuhfach, nahm einen Schreibblock mit Kugelschreiber heraus. Ich kenne meine Worte nicht mehr, die anschließend auf dem Papier gelandet sind. Im übertragenen Sinne wird es wie immer gewesen sein. Worte spielen da keine Rolle. Es ist nur deren feige Bedeutung.

„Es war wunderschön, aber es darf nicht wieder vorkommen und muss eine einmalige Sache gewesen sein. Es kann und darf nicht ~~mehr~~ sein. „DANKE für 365 Tage."

Am nächsten Tag ließ ich Marie meinen Abschiedsbrief zukommen und fuhr danach zur Brücke am Main. Ich wollte noch mal das Plakat sehen, während sie diese Zeilen liest, und mich von dem, was mich glücklich macht, verabschieden.

Ich sah, dass irgendjemand etwas in das Herz geschrieben hatte, und trat näher. Marie muss morgens vor der Arbeit bereits hier gewesen sein. Ihre Handschrift ist unverkennbar, und dort stand geschrieben:

Ich liebe dich! Bis zur SONNE ...

Ich trage sie und diesen Satz seitdem in meinem Herzen. Für IMMER. Ich erwiderte und antwortete, indem ich ihren Satz ergänzte:

...und wieder zurück!

KAPITEL 11

Mit der Kraft meiner Liebe zieh ich in den Kampf!

FÜR ALLE, DIE IMMER NOCH NICHT GENUG HABEN :-)

TOM, MARIE & DIE HIGH HEELS

Marie: Habe mir heute das erste wirkliche Paar High Heels meines Lebens gekauft und musste dabei an dich denken. Verrückt. :-)

Tom: Gibt/ gab es einen bestimmten Anlass dafür? Ich frage das lieber, bevor ich dir sage, was mir als Erstes dazu in den Kopf kam.

Marie: Zum Schuhekaufen braucht Marie keinen bestimmten Anlass. Das geht (leider) immer.

Tom: Ich mag deine vielen Schuhe. Sie sind neben den Outfits immer das i-Tüpfelchen auf der Marie. Sie machen dich zu (m)einer kl. Lady. Also kein leider...nicht für mich. ;-) Mein erster Gedanke dazu trotzdem besser zu einer späteren Stunde. Äh, ja.

Am Abend desselben Tages ...

Marie: Ich liege auf dem Sofa unter der Decke. Würde mich jetzt gerne an dich kuscheln beim Gucken meiner Serie.

Tom: Du meinst, in Wohlfühlklamotten, und deine Kuschelsocken sind nicht nötig, weil unsere Füße zusammen sind!? Werbung. Ich muss mal kurz aufstehen. Soll ich dir etwas aus der Küche mitbringen?

Marie: Ja, genau das meine ich. :-) In der nächsten Werbepause nicht aufstehen ... KÜSSEN!

Tom: Hmmhmm ... okay, wenn wir so weiter machen ... Die nächste Folge auch noch? Die Folge heißt Liebes-bisse. ;-) Nur KÜSSEN!

Marie: Nur KÜSSEN? Okay, schade. ;-(

Später am selben Abend ...

Marie: Pssst... ähm, also ich finde es jetzt spät genug für deinen ersten spontanen Gedanken!?! Flüsterst du ihn mir ins Ohr? Hmmhmm.

Tom: Woher weißt du denn, dass mein erster spontaner Gedanke etwas mit „hmmhmm" zu tun hatte? Tzzzz. Hm, also ich finde dich immer sehr ... äh anziehend. Auch ohne Schuhe. Aber ich hatte sofort im Kopf, dass du in den neuen Schuhen (noch) ein Stück größer bist und – dein trainierter IST-Zustand in perfekter Höhe zu meinem „Hüftbereich" wäre. Und sie vollenden ganz sicher die Form deiner unglaublichen Beine! Vielleicht lässt du sie einfach mal an, wenn wir unsere Träume verwirklichen!? Oh je, mein Herz schlägt schneller. Wie soll ich jetzt nur einschlafen? Mit dieser Fantasie und Marie im Kopf ... ich will dich!

Marie: Und ich will dich so sehr! Du? Meine Worte reichen oft nicht aus, um dir zu sagen, wie wichtig du mir bist und wie glücklich du mich machst. Ich hoffe, du merkst es trotzdem, auch wenn es leider nicht immer einfach ist für uns. Ich möchte dich nicht mehr missen.

Tom: Die Schuhe heute. SIND SIE´S??? Die High Heels???

Marie: Ja, das sind sie. :-)

Tom: Oh je! Du machst mich fertig! Hör bitte nie auf damit!!! Kopfschüttel

HEIMWEH NACH „ZUHAUSE"

Marie: Hey du, ich würde so gerne gleich aus dem Zug aussteigen und von dir abgeholt werden! Dich auf dem Bahnsteig sehen ... Mein Herz klopft immer schneller ... in deine Arme laufen ... Du hältst mich ganz fest ... Wir vergessen alles um UNS herum ... Ich spüre und rieche meinen Mr. Tom endlich wieder! Wir gehen Arm in Arm zum Auto. Trägst du meine viel zu schwere Tasche? ;-) Gehen wir auf dem Rückweg noch was einkaufen? Hab Hunger ;-) ... Und dann schnell in unsere gemeinsame Wohnung ... will mit dir alleine sein!

Aber es geht leider nicht! Werde abgeholt, und es müssen einige Dinge „erledigt werden".

HICKShopping

Marie: Hey, mein kl. blauer Elefant ... guten Morgen.

Freu mich, dich später zu sehen, und hätte auch einen
Vorschlag. Es regnet ja, und das soll sich anscheinend
auch den Rest des Tages nicht mehr ändern. Was hältst
du davon, wenn wir uns zum Shoppen treffen? Ich
wollte mal wieder nach einer neuen (interessanten?)
Hose schauen. Hast du Lust? ;-)

Bis später ... KUSS

Am Abend desselben Tages ...

Marie: Warst du wirklich eben mit mir zusammen in der
Umkleide, und wir haben ...??? *kopfschüttel

Schlaf gut, und träum was Schönes, mein süßer kl.
blauer Elefant!

Gute-Nacht-KUSS

P. S.: Mein HERZ klopft IMMER noch ganz schnell
*kopfschüttel.

Die Hose (oder eher die damit verbundene Erinnerung)
WÄRMT mich, wenn du nicht bei mir bist. Und
UNSERE SONNE trage ich in meinem HERZEN. Für
IMMER!

Tom: Ja, unglaublich *kopfschüttel. Wir waren wirklich fast
eine Stunde in der Umkleide und hatten ...!!! Du

machst mich fertig – höre bitte nie auf damit! Also wenn wir eines tun, dann ist es unsere Träume zu leben.

Unsere Herzen klopfen gerade gleich schnell. Wir sind so verrückt. IMMER mehr.

Ich träume hoffentlich von dir bzw. UNS. Ich wünsche es mir – wie jede Nacht.

Schlaf gut ... kl. süßer xxx schmunzelHASE mit neuer Hose.

Gute-Nacht-KUSS

Einige Tage später ...

Tom: Hmmhmm, muss gerade an die halterlosen Strümpfe denken. Wie du sie in dem Laden, wo wir deine Hose gekauft haben, auf einmal in der Hand hattest. Ich habe jeden deiner Blicke verfolgt. Du wolltest, dass ich sehe, wie du sie anschaust. Es war so schön, mit dir zu shoppen! Hinter dir, neben dir und bei dir zu sein. Etwas Abstand zu haben, aber genau zu wissen, dass wir uns wiedertreffen werden. Am nächsten Regal, im nächsten Gang, wie auch immer. Es war einfach so schön vorherbestimmt, dass wir immer wieder aufeinandertreffen werden. So natürlich und selbstverständlich. HERZklopfen beim Gedanken daran. Kann ich dich damit wohl ans Bett fesseln? 2 Strümpfe -> 2 süße kleine Hände mit den süßen kleinen Fingern > Küsse vom Unterarm ... Innenseite Oberarm … bis hin zur Außenseite vom Brustkorb,

über den Bauch und wieder nach oben. Du hast „verloren". :-) *hmmhmm

GEDANKEN EINES TRÄUMERS

Tom: Wenn du später von der (Regen-)Wanderung nach
Hause kommen würdest ... ich wüsste ganz genau, wie
es wäre.

Zuerst würde ich dich in die warme Badewanne
stecken, damit Kälte und Nässe aus deinem Körper
kommen. Während du deine Sachen auspackst, läuft
das Wasser schon ein. Zuerst hättest du ein paar
Minuten für dich, ehe ich mich an den Wannenrand
setze und du mir von der Wanderung erzählst.
Währenddessen wasche ich dir den Rücken und was
sonst noch kalt, nass und ein wenig schmutzig ist. Du
weißt besser, wo das ist. Zeig es mir dann einfach
(*puuuhhh, wenn du magst).

Dann würdest du dich in Wohlfühlklamotten einpacken,
und wir machen uns eine ganz frische Suppe mit dem
Gemüse, das ich gestern aus dem Garten von meinem
Dad mitgebracht habe. Kartoffeln, Möhren ... alles
zusammen in Brühe kochen, und wenn es richtig heiß
ist, mit Schmelzkäse abschmecken, bis die Konsistenz
ein wenig cremig ist. Hmm, riecht das lecker! Deftig
und dennoch frisch und gesund. Essen, essen, essen.
Genau das Richtige für dich nach so einer langen
Wanderung.

Lachen, schmunzeln, schweigen, lesen, Musik hören, reden. Glücklich sein (?). Mehr hätte ich dir heute nicht zu bieten.

Nur die Gedanken eines Träumers an einem verregneten Sonntagnachmittag.

ICH WERDE DICH SPÜREN –
UND NICHT AUS VERSEHEN

Marie: Hmm ... heute zufällig Zeit für einen Gedankentreff mit deinem schmunzelHASEN? 20:15 Uhr im Schokoladen-Meer (Kurzurlaub in der Badewanne)?

Tom: Gedankentreff! Das Gleiche wollte ich dir auch heute vorschlagen!

Marie: Schön, ich freu mich auf dich!

Tom: P. S.: Wenn du dich traust, dann denkst du dabei an meine Badewannengeschichte von letzter Woche. *schmunzel

Am Abend desselben Tages ...

Marie: Wenn ich mich traue? Habe sie extra eben noch einmal gelesen ... zur Einstimmung ...hmmhmm. :-) WARME KÜSSE ... puuuuhhh ... WIR sind VERRÜCKT!

Pssst, ich werde dich spüren – und nicht aus Versehen. ;-)

Ich hoffe, du mich auch? Bin bei dir ... ganz nah!

Tom: Äh. Ja ... Das werde ich. Habe sie eben auch noch
einmal gelesen ... WIR sind VERRÜCKT. Verrückter
wäre nur noch, dabei zu telefonieren. ;-) Aber das geht
ja leider (noch?) nicht.

Aaaahhhhhh, 10 Minuten. Viel Spaß. :-)

Marie: Mir ist soooooooo WARM, und mein Herz klopft ganz
schnell!<<

Tom: Gute-Nacht-
binbeidirundwillesmirniewiederandersvorstellen-KUSS

Dein kl. blauer Elefant<<

Marie: Ich auch nicht! Gute-Nacht-KUSStern<<

DER KL. BESCHWIPSTE BLAUE –
LITTLE „BLUE"

Sonntagabend ...

Marie: Pssst, gehe jetzt in die Badewanne, bin ganz dreckig
von der Gartenarbeit. ;-)

Tom: Ich war bei den Nachbarn grillen und habe
selbst gebrannten polnischen Schnaps getrunken.

Bin betrunken, glaube ich; und was ich jetzt vielleicht schreibe, bitte nicht so ernst nehmen. Ich kann auch nicht versprechen, dass ich immer alle Buchstaben richtig treffen werden.

Will zu dir ... mit dur baden. Küssen und deine Füße auf den Wannenrand legen. Dich waschen von oben bis unten.

Sonntagabend. Ja. Weißt du was ich nach dem Duschen gerne machen würde? Mit dir zur Kirmes fahren. Du in meine Arm. Es wird dunkel. Wir schlendern, und ich möchte beim dosenwerfen ein kl. Stofftier für dich gewinnen. Gebrannte Mandeln kaufen und mit dir glücklich sein. Mit dir nach Hause fahren, auf dem Sofa Fernsehen ... mit dir zähne putzen, schlafen und einshlafen ... ich hab dich so lieb. So sehr! Deine nähe und Zeit mit dir … sind das Beste!

Bin wohl nicht ganz nüchtern, aber das ist, was ich will. Bin bei dir in der Wanne und auf der Kirmes.

100% Mr. Toms Gedanken. Sorry. Ich will dich nicht erschrecken, aber ich schicke es einfach ab und gehe aufs Sofa unter die Decke und trinke Wasser.

magst du rührei? Sonntagsabends? Alltag mit Marie.

Marie: Ach, mein kl. beschwipster blauer (ja, jetzt passt die Farbe ja ganz gut *grins) Elefant. Du bist so süß (nicht nur, wenn du betrunken bist)! Polnischer Schnaps? Muss ich mir merken *schmunzel. Schade nur, dass ich deine Zeilen „nicht so ernst" nehmen soll. ;-(

Habe mit dir gebadet und ein Glas Wein dabei getrunken.

Schön, dass du mir von der Kirmes schreibst. Mit dir wäre auch mein Alltag ganz anders. Danke schön, dass du die E-Mail abgeschickt hast!

P. S.: Rührei lieber zum Frühstück und mit knusprigem Bacon. Abends dann lieber einen „Strammen Max". Oh, hoffe, der Schnaps bringt dich jetzt nicht auf dumme Gedanken. ;-)

Später am Abend ...

Tom: Jetzt bin ich nicht mehr so blau ... also nicht blauer als sonst auch. :-)

Danke für den schönen Abend und dass ich von dir träumen und verrückt sein darf! Kein Alltag; und ich habe kein Recht darauf. Aber dennoch macht es mich glücklich, und ich genieße die Zeit, die wir (noch) haben.

Marie: BLÖDES !(noch)"!

„NUR" SCHMUSEN ´BY MR. TOM´

Marie: Aua, mein Rücken. :-(Dein schmuseHASE ist heute leider verspannt.

Tom: schmuseHASE? Hmmhmm, ich habe mich schon gewundert, warum du eben so verschmust geguckt hast. Da hatte ich die E-Mail noch nicht gelesen.

Eine Massage würde sicher helfen. :-)

Am Abend desselben Tages ...

Tom: So, ich wäre dann jetzt so weit. Ich habe das Öl schon auf die rechte Seite UNSERES (virtuellen) Bettes gestellt. Nur schmusen? Okay. Ich habe verstanden, dass dies einmal im Monat so ist. :-) Aber deine Wirbelsäule ist ganz schön lang. Ich hoffe, eine Massage bis zum untersten Wirbel ist dennoch nicht ausgeschlossen ...

Erst zusammen Zähne putzen. Dann kommen wir ins Schlafzimmer und sind auf einmal ganz still...schauen uns an ... Du lächelst, und deine Augen funkeln mich an. Wir umarmen uns ... Ich fahre dir mit den Händen durch die Haare, und wir gehen zum Bett. Diese Ruhe und das schöne Licht durch den Schein der Kerze!

Das Bett ist neu bezogen. Es riecht alles so frisch. Die erste Nacht in UNSEREM gemeinsamen Bett. Wie lange haben wir darauf gewartet? Bevor du dich in die Mitte des Bettes legst, ziehst du dein Schlafshirt aus, und ich setze mich behutsam auf deinen Po, öffne den Verschluss der Flasche und lasse das Öl in meine Hände tropfen, damit es schon ein wenig warm ist, bevor es auf deine Haut trifft. Du drehst den Kopf zur Seite und legst deine Haare nach oben, damit ich den Hals bis möglichst weit in den Nacken hoch massieren kann. Ich spüre deine Verspannung, und mit jedem Auf und Ab meiner Bewegungen wirst du immer entspannter, bis deine Haut ganz weich und warm durch meine Hände gleitet. Der ganze Rücken ist so weich und entspannt. Du brauchst nicht zu fürchten, dass die Massage deshalb gleich vorbei ist. Wir haben Zeit ... Es dauert noch eine ganze Weile, obwohl es schon deutlich besser geworden ist.

Gib mir einfach ein Zeichen, wenn wir die Massage beenden, um noch etwas ... „nur" schmusen ... Du in meinem Arm, auf meiner Brust. Dein Bein liegt über meinem. So möchte ich einschlafen. Damit ich auch spüre, dass es wirklich so ist ... Die erste Nacht in UNSEREM Bett.

Du lässt mich einfach zu 100 % ich sein. Nimmst mich so, wie ich bin. In solchen Momenten bin ich dir dafür sehr dankbar.

Your Little Blue Elephant

KISSES

Marie: Hmmhmm ... schön ´by Mr. Tom´ ist wieder da. :-)

Erste gemeinsame Nacht in UNSEREM Bett, und dann „nur" schmusen? ;-) Nichts muss, aber ALLES kann. Spüre, wie du mit dem Öl in deinen Händen den IST-Zustand massierst, und meine Hüften beginnen sich langsam auf- und abzubewegen. Deine Hand gleitet, wie aus Versehen, zwischen meine Schenkel ... Ganz langsam und sanft massierst du weiter ... IMMER weiter ... puuuuhh WARM.

Ich will dich so sehr!

Good-Night-KISSES

WEINENDER SCHMUNZELHASE

Tom: Ich habe eine CD für dich. Übergabe heute im Laufe des Tages?

Marie: Okay! Freu mich, dich zu sehen und „von dir" zu hören!

Später am Tag ...

Marie: Das hat ja schon mal geklappt.

Tom: Die CD ... Sie kommt natürlich nicht einfach so. Es gibt ein ziemlich besonderes Lied darauf.

Wenn ich mir etwas wünschen darf, dann, dass du es später hörst. Aber in Ruhe. Vielleicht im Auto, bevor du losfährst oder bevor du wieder aussteigen musst? Du solltest dabei nur nicht fahren. :-) Oder eben (noch) später ... wenn du ca. 4 Minuten Ruhe hast. Lied 10. Es zeigt, wie klein und wie groß UNSERE Welt für mich ist ... soll dir IMMER sagen, wie sehr ich an DICH denke und WIE wichtig DU mir bist.

DEIN kl. blauer Elefant

P. S.: Wünsche dir ein schönes Wochenende mit Wanderung ... Sterne sind auch da, wenn man sie nicht sieht! Nicht vergessen.

Marie: Ich werde mir die Zeit nach diesem stressigen Tag nehmen. Ich fahre jetzt gleich auf dem Weg nach Hause zu einem Parkplatz mit Blick auf den Main und werde mir dort ganz in Ruhe (und hoffentlich mit Regen, der auf mein Autodach prasselt) Lied 10 anhören ... Freu mich drauf!

Egal, wo ich am Wochenende oder sonst gerade bin, ich denke immer an dich, und Sterne + SONNE begleiten mich!

DEIN kl. schmunzelHASE (hmmhmm ... der dich gerade sooooo gerne küssen möchte!)

Am frühen Abend ...

Marie: HICKS, KUSS, hmmhmm, WARM, puuuuhh, Sterne, SONNE, ALLES MUSS, meer (noch), *kopfschüttel, unglaublich VERRÜCKT ... wir haben so viele Worte für UNS, aber jetzt fehlen mir die Worte. Ich sitze seit 1 1/2 Std. im Auto und weine vor Glück, dass es dich (für mich) gibt!

schmunzelHASE + kl.blauerElefant = Marie + Mr.Tom = DU + ICH = WIR2